RECONSTRUCTING
THE ECOSYSTEM OF THE TOKENOMIC

通证经济

重构数字化实体经济新生态

金典社区◎著

中国财富出版社

图书在版编目（CIP）数据

通证经济 / 金典社区著 . —北京：中国财富出版社，2018.10（2021.3 重印）
ISBN 978－7－5047－6776－9

Ⅰ . ①通…　Ⅱ . ①金…　Ⅲ . ①信息经济—研究　Ⅳ . ① F49

中国版本图书馆 CIP 数据核字（2018）第 239974 号

策划编辑　刘　刚　谢晓绚　　**责任编辑**　张冬梅　周　畅
责任印制　梁　凡　　**责任校对**　孙会香　卓闪闪　　**责任发行**　董　倩

出版发行　中国财富出版社
社　　址　北京市丰台区南四环西路 188 号 5 区 20 楼　　**邮政编码**　100070
电　　话　010－52227588 转2098（发行部）　　010－52227588 转 321（总编室）
010－68589540（读者服务部）　　010－52227588 转 305（质检部）
网　　址　http://www.cfpress.com.cn
经　　销　新华书店
印　　刷　河北京平诚乾印刷有限公司
书　　号　ISBN 978－7－5047－6776－9/F・2948
开　　本　880mm×1230mm　1/32　　**版　　次**　2018 年 11 月第 1 版
印　　张　8.75　　**印　　次**　2021 年 3 月第 2 次印刷
字　　数　168 千字　　**定　　价**　68. 00 元

《金典财经书系》编委会

《通证经济》联合发起人英雄榜

（排名不分先后）

鲍　狄（Christine T.）
常达飞
崔秀领
陈鸿君
陈丽璇
杜祥和（Herman Toh）
段秀娟
樊芸麟
范丽榕
冯　晓
郭小蝶
郭小韦
何继轩
贺宝如
贺　琳
贺正芳
胡民合
季莉莉
赖璟榆
劳建梅
劳荣华
黎艺章
李富华
李昊阳

李华柯
李俊辉
李美慧
李沁霏
李　蕊
李绍军
李铁钢
李卫华
连子文
梁统胜
林时伟
刘蔡儒
刘子良
孟涣林
潘聚林
齐　飞
秦利鹏
舒金波
孙建勇
谭玉儿
唐瑜斯
田茂洲
汪哲信
吴小哲

冼秀芳
谢春英
谢忠明
熊文君
徐赞国
闫　智
杨慧雯
杨金岭
杨金霞
杨　琳
姚培永
张长玉
张少科
张仕文
张锡瑛
张亚春
张玉梅
郑　忠
周　聪
周高翔
周雪芳
朱家仪（Mickey Chu）
邹寒玉
左莉莉

序言一

通证经济撬动新时代

改革开放，先下海的人成为中国财富新贵；互联网兴起，先进场的人成就互联网时代商业传奇。

成功从来都青睐懂得抢占先机的人，而先机也是极大的财富风口。只是今天，传统行业供过于求，竞争日益激烈，互联网资源又被巨头所垄断，发展空间日益缩小，没资金、没资源、没人脉的你如何突围？

当今时代，数字在经济发展中正发挥着无与伦比的作用。

根据中国信息通信研究院发布的《中国数字经济发展与就业白皮书（2018年）》显示，我国数字经济总量持续增长，2017年中国数字经济规模达到27.2万亿元，同比增长20.3%，占GDP（国内生产总值）比重达到32.9%，相较2017年GDP全年6.9%的增速，数字经济的增长速度更加迅猛，中国数字经济的规模已经位居世界第二。且自2016年起，中国数字经济增速高达18.9%，分别比美国（6.1%）、日本（17.0%）和英国（11.5%）高出12.8个、1.9个、7.4个百分点。

英国《金融时报》认为，数字技术的进步让中国经济获得全新活力，中国正成为全球数字经济革命的中心。

因此，今天我们最应该做的不是削尖脑袋想着如何在成熟的技术、模式中从别人那里分抢一块蛋糕，而是把握住最新的发展趋势，学会新的技术，乘风而上，而在我看来，这最新的趋势和技术便是通证经济。

在竞争日益激烈、上升空间日益狭窄的市场局面下，通证经济将会成为创新、创业的强动力，会是驱动企业数字化重塑的便捷途径。

通证经济能够赋予三大数字化力量。

◆ 通证化革命

通证化力量能够让人在一个系统中更加精细、理性、立体地观察与感知数字化世界和现实世界正在发生的一切，进而更加立体和更加精细地进行自身经营、产品控制、事件控制和结果控制。

◆ 思想性革命

通证经济的发展模式蕴含技术、制度、文化三个层面的因素，它是一个闭环的生态系统，会改变甚至颠覆我们曾经仰仗的思维方式、结构和实践经验，其结果可能是在引发商业变革的同时引发认知变革。

◆ 边界模糊化

通证世界与现实世界是互为镜像的两个世界，模糊了不同行业间的界限，这种效应正在向生态系统、企业、用户、产品服务快速蔓延。

然而，任何一次商机的到来都会经历“看不见”“看不起”“看不懂”“来不及”四个阶段，对于通证经济这个概念，绝大多数人的认知几乎为零，但这并不影响通证经济的魅力及功能。

所以本书将摒弃生硬、生僻的技术性分析，用浅显易懂的话语，系统性地为你剖析通证经济：

从“通证”一词的起源，娓娓道来通证经济的特点和优势；

从当今经济的发展大势，挖掘通证崛起的必然及广阔前景；

站在全新的角度，阐述区块链作为通证经济的技术基础的爆发力；

立足实体经济，系统化分析通证模型的建设和应用场景；

从商业、资产及人类商业、社会发展角度，描绘通证经济的变革力。

同时，本书想让创业者、投资者、运营者在正确认知通证经济时，能有如下思考：

◆ 重新进行行业布局

你的世界观要怎样改变才能跟上时代发展趋势？

你应对所在行业和曾经的商业行为进行怎样的反思？

◆ 重新构建你的项目、企业

你的项目、企业需要做出什么样的改变？

你准备如何借助通证经济这股东风运营你的项目、企业？

◆ 重新塑造自己

你想成为什么样的人？

如何重塑自己并保证自己在这个时代的领先地位？

通证经济导师团、《通证经济》联合作者

李佳城 黄劲发 翁祖福 赵梓雄

2018 年 10 月 16 日

序言二

通证经济锚定实体已成发展新方向

互联网的深度发展，已经让我们进入了新时期，在“双创”、中国制造 2025、“互联网 +”、区块链技术与通证经济迅速发展的背景下，我们该如何洞察国内最热、最能带动增长的方向？企业又该如何顺应新常态，重塑新动力？

2018 年 9 月，在 2018 中国新经济产业领袖峰会上，大咖们的讨论给我们指明了方向。

网心科技 CTO（首席技术官）孙小滨表示：目前区块链技术正处于脱虚向实的拐点，一旦完成 3.0 的转型，将是新经济产业变革浪潮中势不可当的发展趋势。

汉拓云链创始人、矩阵智库合伙人叶开表示：迫切需要通证化的是服务业以及涉及资产的产业，通证经济改革目前比较适合做增量。

柏链道捷 CEO（首席执行官）、CSDN（世纪乐知）

副总裁孟岩表示：通证经济的优势就是能完善价值互联网，能够通证化的行业非常多。

……

没错，区块链技术和通证经济是此次峰会的重点讨论内容，因为以区块链技术为核心的通证经济是近年来新经济业态的典型代表。

◆ 用通证赋能实体经济

今天，靠一纸白皮书融资的时代已经不复存在，没有价值的区块链就没有共识可言，而区块链本来只是一项技术，只有赋能实体才有真正的价值。各类创业者们也纷纷进军区块链领域，利用区块链和通证发展自身企业。

2018 年 7 月，云仓 · 云储链生态系统正式启动，云储链（CWC）是全球首条 B2B（企业对企业）商品贸易流通交互结算通道公链，旨在运用区块链技术创建一个有充分可信标识的引证系统。

2018 年 9 月，亦来云（Elastos Carrier）已经在中国智能电视机顶盒中，部署应用超过 10 万台。亦来云是一个将互联网作为底层基础设施（而非将其作为应用）的互联网操作系统，以数字形式存在于互联网上的作品、思想、IP（知识产权）等用区块链确权，合约转移，成为数字世界里的恒定资产。技术落地能力，是亦来云区别于其他区块链项目的最大特色，亦来云已经做到了设备落地，与实业厂商开展合作，产品进入千家万户。

除了以上这些，目前市场上还活跃着农业科技通证（MAT）、游戏联盟通证（GVM）、世界分享通证（WOS）、多元网易通证（MTR）、欧盟通证（ENX）、提款通证（CTM）、旅游链通证（TTK）、环球加盟通证（GFT）、世界交易通证（WEN）、新媒体通证（AMT）等通证项目，截至目前它们仍在各自的领域探索着，实践着。

从中我们也可以看到，通证经济应用场景非常广泛，可以深入社会管理、文化娱乐、金融服务、医疗健康、IP版权、教育、物联网、通信等各个领域。2018 年 4 月，链塔智库发布研究报告，表示金融、企业服务、文化娱乐、研究院、区块链概念上市公司这 5 个领域是区块链创业集中度最高、资本最集中、落地应用最多的领域。

◆ **中国通证经济落地土壤**

也许相较于国外的一些国家对区块链和 ICO（首次币发行）的“温柔政策”，中国对 ICO 的监管非常强硬，为此有人担心，通证经济在中国可能会夭折。

其实，这种担心是多余的。虽然中国强力打击 ICO，但是对待区块链技术却是持支持、鼓励的态度，并在多个国家层面的重要场合一再强调区块链技术的重要性、先进性和实用性。

2016 年 12 月，国务院将区块链写入“十三五”规划。

2017 年 10 月，国务院办公厅印发的《关于积极推进供应链创新与应用的指导意见》提出研究利用区块链、人工智能等新兴技术，建立基于供应链的信用评价机制。

2018 年 5 月 20 日，工业和信息化部信息中心发布《2018 中国区块链产业白皮书》，全方位解析我国区块链技术在金融领域和实体经济的应用落地情况。

而在 2018 年 9 月，更是出现了一个重磅消息：人民币稳定币 WIT（Wealth in Token）正式登场。

WIT 作为一种加密数字凭证，锚定的法定货币是离岸人民币（CNH）[①]，按照 1 ：1 进行兑付。2018 年 9 月 18 日，中信国际资产管理有限公司与银河数字资产管理有限公司（以下简称：银河资管）签署协议，通过对银河资管的入股和业务重组，借助其发行的资产通证 WIT 及其管控体系，将正式进入数字资产管理业务领域。在得到新股东的资源和牌照支持后，银河资管将在香港加大资产通证化的扩展力度，合规运营，全面发展。

WIT 是金融领域的一次通证尝试。目前，国家对区块链技术很温柔、开明。未来，通证经济在合理监管下更多地赋能实体，创造真正的价值，才是发展正道。

虽然一开始区块链技术运用主要集中在虚拟货币、智能合约等方向上，但是在发展过程中，区块链技术开始脱虚向实，落地实体经济。区块链技术要想为社会带来价值，与

---

① 离岸人民币（CNH）：在中国大陆以外进行交易的人民币，因在中国境外发行量有限，通常交易价格高于本土，并可在大陆之外自由兑换。

实体经济结合是必经之路。区块链技术赋能实体经济涉及几个主要问题：一是政策、法律法规问题，很多法律法规会限制应用场景，无币区块链同样需要法律法规的支撑；二是技术设施问题，如区块链公链技术问题、通证的市场波动问题；三是产业认知问题；四是人才储备问题。

而通证经济可以激发区块链技术的商业潜能，让其在更多实际商业场景中实现落地应用，性能上更能满足大规模应用需求，服务实体经济，产生赋能效果。

因此，本书始终立足实体经济角度，为读者娓娓道来通证的魅力所在，相信本书能带给读者一场酣畅淋漓的通证之旅。

未来学家、区块链新经济专家　法兰克

2018 年 10 月 20 日

前言
从 Token 的起源说起

有人说：未来，人即货币。

如何理解?

如果你的创造、工作、技能、收入、证件等一切极有用的个人证明、信息，都可以变成相应的数据在链上流转，永远存在，并且可以在一个系统中实现交易，获得收益，那么，对你来说一切皆可成为资源，虚拟和现实之间的界限会模糊，你与货币之间也将渐渐融合，而你将成为移动的“货币”，你只需依靠自己所拥有的便能够创造财富。

那么，这能实现吗?

也许以前，这是无法想象的，但是今天，有了 Token 后，一切皆有可能。

也许很多人是通过区块链技术了解到 Token 的，因此也一度“误解”Token，认为它就是代币。后来，有人将

Token 翻译为“通证”，并对它进行了溯源追述。

其实在区块链之前，Token 就已经存在，在网络通信中，Token 的原意是“令牌”“信令”。网络中的每一个节点轮流传递一个“令牌”，只有拿到“令牌”的节点才能通信。这个“令牌”其实就是一种权利，或者说权益证明，此时 Token 还未引起大家的注意。

之后，随着区块链技术的普及，Token 一度被翻译成“代币”，并被人们接受。但是“代币”的意思还是窄了，它只是 Token 的一种特殊形态，并且容易让人误会，认为 Token 只有代币的功能。它更准确的翻译应该是“通证”，即“流通”和“权益证明”，可以代表任何权益证明。

随着通证面纱被揭开，大家将各种权益证明，如门票、合同、证书、资产、资质等拿出来通证化，放在区块链上流转，让市场自动发现其价值，同时成为在现实经济中可以验证的东西，这就是通证经济。它借助区块链或者可信的中心化系统把数字管理发挥到极致。

随着区块链技术的发展，我们也慢慢发现正是通证以及通证经济规则，促进了相关产品的繁荣，通证经济的重要性比区块链的基础设施更加重要，与 20 多年来笑傲全球的互联网眼球经济、流量经济、社群经济等不同，通证经济的意义在于回归商业本质。

◆ 通证立足供给侧

供与需直接建立联通渠道，大大优化了资源配置。通证的供给要充分市场化，要知道我们在为谁创造价值，谁来买单，给他们带来了哪些价值，等等。

◆ 通证具备流通性

优质的通证具有良好的流通性和激励机制，以此来触动其在生态中每个角色的自由流转，并借助区块链让其流通更透明、可信。

◆ 通证是生态设计

通证运行系统是一个集规模、角色界定、流通边界、共识机制等一系列元素于一体的生态，其动态运行和成长路径，实现的是价值创造—自由交易—共同受益的闭环发展，如图1所示。

图1　通证经济的生态化

有人说通证经济颠覆的不只是中间商，而且是股份制这种已经出现了 400 多年的人类商业协作模式，但是其实它可能会影响到组织机构及利益分配关系，把社会经济发展推到一个新的高度。

过去的数字经济撬动的是支付的数字化，未来依托通证的数字经济撬动的将会是整个人类的数字化，面对通证经济我们研究和关注的重点不应是短期投机和市场的套利行为，而应是真正认识通证的属性、含义，掌握通证系统的设计，在实体经济中落实通证的运用。

目录
CONTENTS

第一章 | 颠覆创新——历史从来不缺“搅局者”

那些能够轻易被理解和接受的技术与概念，是谈不上颠覆性和“破坏性”的。真正的颠覆，开始的时候一定让人充满惊疑，感到震撼，甚至排斥，但是却永远无法否定其颠覆创新的能力以及在人类社会中所创造的巨大价值。

第二章 | 爆发肇始——引力引发的“自来水”现象

任何事物的发生，看似偶然，其实都是必然，都离不开“天时地利人和”。通证经济也是如此，它的爆发与这个时代的技术发展、社会需求、价值传输、人类认识等无不有着莫大的关系。

第三章 | 通证特点——通证经济有何魔力

我们可能要面临一场革命。这场革命始于通证经济，其自身所具备的一些特点正在颠覆着传统经济和互联网经济的商业模式，让我们隐约听见未来由通证经济掀起的革命的滚滚雷声。

第四章 | 技术基因——区块链推开信任大门

如果说通证经济将给未来商业和社会带来巨大变革的话，那么区块链技术将是极大推动这种变革的技术革新力量，它已经被有些人称为继蒸汽机、电力、信息和互联网科技之后，目前最具有潜力触发第五轮颠覆性革命浪潮的核心技术。

第五章 | 通证模型——开启新“芯”经济体系

通证经济蕴含了巨大的创新空间，其所带来的创新机遇、掀起的创新浪潮，将会远远超乎人的想象，而变革挑战才刚刚在通证经济模型的建设中拉开序幕。

第六章 | 应用模式——跳出桎梏

我们已经轰轰烈烈地进入了以“通证 + 落地应用”为主的 3.0 时代。在这个时代，通证经济将在各个商业环节、落地场景中大展身手。

第七章 | 共识数字化——通证引发的商业革命

通证经济与实体经济的结合可能会重构商业世界格局，释放人类创新、协作热情和潜力的浪潮正在孕育、涌动，即将席卷而来，这不仅仅是一场技术革命，更是一场商业认知的革命。

第八章 | 资产上链——通证引发的资产革命

通证经济激发了我们对人类资产的想象力，也许未来判断一个人是否富有，将不再看他所拥有的资金、存款……

第九章 | 通证趋势——深刻改变人类社会的未来

也许过了 50 年、100 年回头看今天，区块链可能只是新文明到来之前的技术基础，真正重要的事情是通证。未来，历史与千秋所能铭刻与记录的不是拥有许多石头、皮毛、奢侈品的人，而是为人类命运共同体创造过许多独特价值的人。

第十章 | 链改风险——通证热潮下的监管思考

从云计算到大数据，再到人工智能，通证经济将是未来极热的一个经济概念，然而，其与数字货币、区块链有着千丝万缕的联系，加之因虚拟货币产生的新形式的洗钱、黑客、投资者保护和涉税等问题，给通证经济的发展带来了很大的监管挑战。

CHAPTER 1 | 第一章

颠覆创新
——历史从来不缺“搅局者”

那些能够轻易被理解和接受的技术与概念，是谈不上颠覆性和“破坏性”的。真正的颠覆，开始的时候一定让人充满惊疑，感到震撼，甚至排斥，但是却永远无法否定其颠覆创新的能力以及在人类社会中所创造的巨大价值。

RECONSTRUCTING THE ECOSYSTEM OF THE TOKENOMIC

01

被技术颠覆的经济格局

上善若水，水善利万物而不争。

——《道德经》

世间最大的善应当如水一般，善于滋润万物，与万物交融，而不与之争夺。而科学技术是第一生产力，对其的运用也当使其如水一般，让其融进人类生活，促进经济发展，与人类社会发展相得益彰，让人类逐渐走向一个更加美好的世界。

第一次工业革命以前，全球经济处于一个极其分散的格局之中，所有的国家基本都处于封闭式的自给自足，或近距离掠夺状态之下。

但是内燃机和航海技术革新，打破了这种经济封闭的状态。内燃机使手工业获得了前所未有的大规模发展，因此便有了可供大规模交易的物资，而航海技术革新使得大规模交易成为可能，全球经济格局演变成了西方国家从东方国家掠夺生产资料，并将由工业革命带来的大规模生产中制造出的产品输出到东方世界，资本主义正式进入人类社会，生产技术和生产活动大多掌握在西方发达国家手中，形成了“西强东弱”的局面。

21世纪初，中国加入WTO（世界贸易组织），在尚未步入发达国家行列的情况下，成了全球最大的生产基地。2010年，中国制造业产出超过美国，占全球的19.8%，标志着原材料提供者和生产者的格局开始转变，东方世界开始逐渐变成生产者，逐渐拥有话语权，但核心生产技术依旧掌握在西方发达国家手中。

但是，像中国这样的发展中国家也面临着新的问题：要么保住自己生产者的地位，要么进阶到技术革新者。可随着中国人口红利的消失，我国生产者的地位逐渐受到挑战，而万众创新、产业升级转型则成为我国争取技术革新者地位的重要举措。

于是，根据以往科学技术在经济发展中的重要作用，我国推出了《“十三五”国家科技创新规划》，对发展颠覆性技术做出了部署：

在信息、制造、生物、新材料、能源等领域，特别是交叉融合的方向，加快部署一批具有重大影响、能够改变或部分改变科技、经济、社会、生态格局的颠覆性技术研究，在新一轮产业变革中赢得竞争优势。

颠覆性技术，这个20世纪就被提出的概念终于在我国落地，并随着我国科学技术的突飞猛进而越来越受到学术界、商业人士的青睐。

那么何谓颠覆性技术？有人说是大数据，有人说是人工智能，有人说是3D（三维）打印……真正的颠覆性技术会改变人们的生活方式、工作方式，重新配置价值体系，并带来引领潮流的全新的产品和服务。区块链技术就具备这样的特性，“脱胎”于区块链的通证经济具有以下特征。

1. 新奇性和复杂性

新奇性和复杂性因素会影响技术和它的商业应用的进化过程。

新奇性是指某项技术的新颖程度，技术越新奇，其颠覆性的潜力也就越大，同时让用户理解技术所解决的问题就要付出更大的努力；复杂性是这个技术系统的协调性，共同应用这项技术从而产生价值的参与者的数量和多样性。通证系统完全具备这两个特点。

只有一个或几个参与者的通证系统可能用处不大，但是当许多人能够通过它与世界建立联系时，它便很有价值。随着通证系统应用的规模和影响与日俱增，其广泛的运用也需要重大的改革。

> 尤瓦尔·赫拉利在《未来简史》中表示，生物本身就是算法，生命是不断处理数据的过程；拥有大数据积累的外部环境将比我们自己更了解自己。通证经济会进一步加快这样的了解进程。

2. 数据时代数字价值的大挖掘

在技术带动全球产业变革的浪潮中，全球已经进入了以数据研究应用为导向的“大时代”，数据正在成为一种生产资料、稀有资产，并全面融入社会、经济、生活，深刻改变着世界的经济格局、利益格局、安全格局。而区块链已经成为各行业必须重视的技术手段，世界500强企业纷纷布局区块链，甚至某些国家已经将发展区块链技术上升到了战略高度。通证经济“脱胎”于区块链，比区块链有着更为广泛的应用场景和商业用途，现在才初露端倪，但是未来的影响力丝毫不逊于山崩海啸。

3. 构建透明公正的新世界

未来的互联网将是人机共舞的全新世界，需要一种不同于传统人为控制的、完全透明和公平的执行秩序。而通证经济可与网络技术相融合，推动网络进化和质变，将网络从传统的“传输管道”升级质变为“网络即平台、网络即数据”，各方中性地满足和赋予包括人和智慧机器在内的个体对信息与信息服务的自主、对等选择权。

而我国发展通证经济更具优势。麦肯锡的研究报告显示：

中国投资、初创生态圈是全球最活跃的；

在关键数字技术风险投资方面处于领先，包括虚拟现实、自动驾驶汽车、3D打印、机器人、无人机和人工智能（AI）等领域；

是世界上最大的电子商务市场，交易量占全球电子商务交易总量的 40%以上；

是全球移动支付的主要力量，交易量是美国的 11 倍；

全球 262 个独角兽（价值超过 10 亿美元的创业公司）中有 1/3 是中国的，其估值占独角兽公司全球估值的 43%。

如今的全球经济形势已经发展为发达国家变得越来越轻装上阵，只要把金融玩好，就不怕没人听它们的。而对于发展中国家来说，随着社会进步、老龄化及人工成本的逐渐增高，它们正在逐渐失去生产者的优势。要知道，创新者才是未来，在通证技术的支撑下，一个新的平衡世界可能正在形成。

02

“人数一体”已不再遥远

> 天地与我并生，而万物与我为一。
>
> ——庄子《齐物论》

数字因人而生，人因数字而“丰富”，人与数字的“融合”会成为一种趋势，我们要做的便是顺应趋势，自然而然地融于互联网的世界中。

今天，我们发的每一条微信、每一张图片，注册的每一个账号等，都在产生越来越多的数据；企业在挖掘用户、拓展市场时，也会借助海量数据进行决策分析，人们的日常生活和数据已经难解难分，数据成为一种重要的战略资产，犹如新时代的石油，极富开采价值。

第一，手中握有数据的公司会站在金矿上，可以更好地定位精准用户，提高效率；

第二，数据的运用将更加多样化，将产生更为多元化的产品，或定位角度不同，或侧重数据分析等，都具有广阔的市场前景；

第三，基于数据的挖掘将会诞生更多的商业模式，创新当今的商业运作方式；

第四，数据将成为最大的交易商品。

我国数字化潜力巨大，今天商业智能的普及已经让企业对数据的重要性有了充分的认识，社交媒体、电子商务、大数据、物联网等应用的兴起和成熟，打破了企业原有的价值围墙，仅仅对原有价值链数据的分析已经不能满足需求，企业需要借助新的技术打破数据边界，打造一幅更为全面的运营数据全景图。而能够成功构建这幅全景图的非通证经济莫属。

1. 市场规模大、潜力大

2016 年中国的互联网用户数达到 7.31 亿人次，互联网用户群规模庞大，并热衷于数字技术。越来越多的企业开始加速区块链技术的实体落地，这一切支持了未来通证经济的发展。

2. 丰富的数字生态链正在形成

BAT（百度、阿里巴巴、腾讯）在无效、碎片化和低质量的互联网市场已经占据主导地位，以这三大巨头为中心的丰富的数字生态系统也正在扩散，随着独角兽和初创公司的激增，这一生态圈将进一步扩展和深化，传统企业也会因实体经济和虚拟经济创新的结合而增强实力，从而出现两种局面：

一方面，BAT 这样的巨头企业需要进一步净化、升级自己的数据生态，若要牢牢占据领导地位，必然需要寻求更为先进的技术，所以它们才纷纷研究区块链技术；

另一方面，在巨头企业资源“封锁”的情况下，创业者和初创企业想要破局，也必然需要一种低成本、低门槛的新技术，这也是区块链被大众追捧的原因所在。

这也成了通证经济发展的土壤。

3. 政府监管给予更大的发展、实践空间

自 2016 年以来，区块链日益受到我国政府的重视与关注，中央一方面加大对 ICO 项目的监管力度，另一方面积极推动国内区块链技术相关领域研究、标准化制定以及产业化发展。

2016 年 12 月，区块链首次被作为战略性前沿技术写入《国务院关于印发“十三五”国家信息化规划的通知》。

2017 年 1 月，工信部发布《软件和信息技术服务业发展规划（2016—2020 年）》，提出区块链等领域创新达到国际先进水平等要求。

2018 年 3 月，工信部发布《2018 年信息化和软件服务业标准化工作要点》，提出推动组建全国信息化和工业化融合管理标准化技术委员会、全国区块链和分布式记账技术标准化委员会。

目前国家给创业者留下了实践的空间。同时，政府的角色也正在转变，由管理者逐渐转变为投资者、创新者、消费者，在建立世界级基础设施方面发挥积极作用。

而通证经济也不会辜负这样的大好局面。数据真正的价值在于挖掘、共享、交叉复用，通证本身就是对数据的一种多元化挖掘，它将数据供应方、管理者、投资者、监管者等置于一个先进的技术系统中，致力于通过流通、共享，打造“人数一体”的数字化新时代。

中存在着大量的中心化的信用及信息中介。这些中介其实降低了系统的运转效率，增加了资金的往来成本。而区块链技术可以将每一个人的资金、资产以及每一笔交易等信息真实有效地记录下来，这些信息无法被更改和否认，可以去中心化、去信任化地快速进行交易，具备改变金融基础架构的潜力，比如说实现快速的跨境支付、快速的保险理赔、快速的证券发行和交易等，可以促进金融产业的变革和发展，进而促进当今经济的发展。

2. 区块链 + 传统业务

从区块链服务企业的角度来说，寻找合适的应用场景，结合已有的技术优势、资源优势，研发出技术可靠、性能优越的区块链服务显得非常重要。而从传统服务企业的角度来说，深入研究已有的业务需求，充分理解区块链可能给自己带来的变革，主动尝试区块链技术，改良已有的业务模式，也显得非常重要。这两点都将加速促进区块链与传统业务的结合，让区块链更快地跳出币圈的“桎梏”。

有人说，错过互联网不能错过区块链，要及时介入，相比较其他技术而言，区块链的技术门槛并不高，但应用门槛比较高，留给区块链技术服务企业的时间并不多，要尽快将先机转化为优势。

3. 真正开放共享的网络生态

基于区块链的共享经济才是真正的共享经济，区块链技术建立了一个开放网络，因共识而共信，以共建共治为保障，链接供给与需求，构建物理社会与数字社会互相映射促进的生态圈。这个生态圈具有六大价值：社群价值、倍增价值、资产价值、裂变价值、共享价值、创造价值。

如果说 20 世纪，互联网的出现，让世界变小了、变平了，那么，区块链的出现，则让世界科技不再是一家独大，演变出一个共享科技的时代。

任何一次财富的缔造和新世界之门的打开，也都必将经历“经营者先知先觉、跟随者后知后觉、消费者不知不觉”的过程，只是当通证经济乘着区块链技术即将扶摇直上九万里时，你是否先知先觉了？

04 急需打补丁的世界观

流水不腐，户枢不蠹。

——《吕氏春秋》

流动的水不会发臭，经常转动的门轴不会被虫蛀。而我们也需要不断地反思、修正思想，才能不僵化、不保守，始终保持活力和先进性。

2017年，对区块链和数字货币来说是跌宕起伏的一年。

尽管遭遇了一系列禁令，比特币在一年内还是上涨了14倍，同时，各大主流交易所已经或即将推出比特币期货交易。

一张“2017年全球数字货币明星币种”图谱，让人们看到在一年之内上涨超过几十倍、数百倍的币种比比皆是。

新加坡、阿联酋等都推出了与区块链技术相关甚至为底层结构的国家数字货币基础架构。

……

人类社会正在经历一场革命。只是这场革命与以往的任何革命都不一样，它并非对现实领土、领地的抢占，没有枪炮、战争和巨大的骚乱作为表面特征，而是以认知为犁，将我们所认知的世界一分为二。

第一个世界，即我们现在所处的现实世界，依旧按照原有的速度和节奏运行，在这个世界竞争日益激烈，企业不是即将寻找转型之路，就是已经走在了转型的路上。

第二个世界，是脱胎于区块链技术，由通证经济带来的数字世界，这个世界目前还处于蛮荒时代，充满了未知的风险。

两个世界并非完全独立，只是隔着一条认知之河，阻止着我们随意穿梭。

通证经济是创新的新技术和新模式的应用，并没有过往经验可以供人借鉴，用传统的认知体系对其认知和理解，是完全行不通的。于是赞美者欢呼雀跃，反对者嗤之以鼻，更多的人在迥然不同的两种观念夹击中茫然无措，踟蹰不前。

其实通证经济不是大罗神仙，也不是洪水猛兽，它是商业生产关系升级的工具和模式。在数字时代这样的大趋势面前，我们不能故步自封，而是要打破曾经的认知体系，在个体思维、企业思维、上市思维、通证思维上重建自己的认知体系。

1. 个体思维

我们每个人的认知都是基于过往的经历建立的，也有一部分是从自己接触到的别的认知中获得的。这样的认知体系一旦在现实中被验证，甚至带来一定成就，便会更加牢固，甚至成为牢不可破的人生信条。可是，对以往的认知体系“自信”到一定程度，会阻碍对新思想、新模式的探索、吸收，从而形成认知遮蔽。

因此，想要正确地认知通证经济，需要“有章可循”：

拥有优秀的历史观，尤其要熟知世界财富史、金融史，了解市场经济的来龙去脉；

拥有良好的大局观，努力了解我国目前所处的历史进程和全球经济格局，以及未来发展趋势；

能够深刻理解各类投资精髓，了解投资和投机的真正区别，找到适合自己的投资、创业模式；

能够不断学习新知识，尤其是区块链、通证等方面的知识；

养成独立思考习惯，融会贯通所有的知识和信息，做出自己的价值判断和独立的投资抉择。

也许这样说很俗气，但是很接地气：管好自己的思维就是管好自己的钱袋，不让自己的钱袋成为别人的提款机。

2. 企业思维

“思路决定出路。”在现代企业的外部环境和技术条件相差无几的前提下，对于一家企业来说，最稀缺的资源不是别的东西，而是企业的思想或精神，也就是企业思维，而它可通过三个步骤塑造。

第一，用未来看现在，也就是牢牢立足当今世界经济社会发展的趋势，来选择相应的实现路径；

第二，站高空看格局，布局就是对企业资源进行调配，在布局之前一定要站在高处，把每个环节看得很清楚，站得越高才能越好地调配资源；

第三，从用户看自己，用户思维绝对是当今极重要的思维之一。

所以，现在区块链技术和通证，已经脱离了技术极客和早期爱好者“自娱自乐”的范畴，大批主流人群和企业、资金正在陆续进场。对这些主流企业来说，通证经济最重要的价值不是投资价值，而是落地实体经济的应用价值。

3. 上市思维

一家公司上市需要以下流程：成立股份公司—股票筹备—申报和审核—促销和发行—股市交易及后续。而每一个通证系统的建立和运行也会经历一个类似的过程。

所以，通证经济的运行可以借鉴企业上市思维，这样既便于大家理解，又更容易形成系统化的流程。

4. 通证思维

通证思维相比于互联网思维是一种更高层次和境界的思维，其提出可称为一次重要的人类思维创新。

互联网思维是充分利用互联网精神、价值、技术、方法、规则、机会来指导、处理、创新工作的思想，实现价值传递的思维。而通证思维则是互联网思维的进化，通证思维中的去中心化、共识机制、智能合约，实现的不仅仅是价值传递，还是更具透明性、公正性的价值创造，强调“我思献人人、人人助我思”，构建一个真正去中心化、去信任，共赢共建共享的新商业生态模型。

通证思维是对通证经济认知上的规范，也是通证经济长效发展的美好初心和重要保证。

如今，稍早进入通证新大陆的人已经深刻意识到，这不是一场实验，也不是演习，而是一场真正的革命。面对这场革命，我们唯有更新自己曾经的认知体系，静下心来拨开通证的这层迷雾，才能真正收获机遇和价值。

【通经纬·证明悟】

生命追逐利益的方法的演变过程是一个从简单到复杂的过程。

未来物质世界与数字世界可能会并轨甚至交叉发展，极大地改变人类的社会形态。

所以，此时的你应该开始思考以下问题：

人类社会发展最理想的状态是什么？

我将如何在数字化的世界生存？

我将通过何种方式或商业模式在这个时代取得成功？

CHAPTER 2 | 第二章

爆发肇始
——引力引发的“自来水”现象

任何事物的发生，看似偶然，其实都是必然，都离不开“天时地利人和”。通证经济也是如此，它的爆发与这个时代的技术发展、社会需求、价值传输、人类认识等无不有着莫大的关系。

RECONSTRUCTING THE ECOSYSTEM OF THE TOKENOMIC

01 从区块链到通证

水有源，故其流不穷；木有根，故其生不穷。

——胡宏《知言》

万事万物都可以找到一个源头，通证经济亦然。唯有从源头开始，我们才能真正深入领略其魅力所在。

近一两年，被各路大神、大咖纷纷尊为“颠覆神器”，并在2018年全国“两会”上成为一些代表热议的话题的区块链，它火爆的源头是什么？它的理论依据是什么？

这一切要从比特币的故事说起。

2008年，中本聪发表《比特币：一种点对点的电子现金系统》一文，表示希望可以创建一套基于密码学原理而不基于信用，使得任何达成一致的双方能够直接进行支付，不需要第三方中介参与的电子支付系统。

2009 年，以区块链技术为基础的比特币发行交易系统正式运行。

2010 年，世界多个国家陆续出现比特币交易平台，大量投资者将其看作一种投资品而竞相购买，而关于比特币技术的安全性、可靠性也开始被越来越多的人所关注。终于在 2017 年，当比特币价格像过山车一样剧烈波动的时候，很多人看空比特币，各国政府也展开了持续讨论，态度各不相同，但对于其底层技术——区块链的研究和应用热情却不断高涨。

《腾讯区块链方案白皮书》曾这样描述区块链的诞生：从技术角度来说，我们认为，区块链是一种由多方共同维护，以块链结构存储数据，使用密码学保证传输和访问安全，能够实现数据一致存储、无法篡改、无法抵赖的技术体系。这种技术给世界带来了无限的遐想空间。

其实，我们可以用一个不是很恰当的比喻来形容区块链带来的变革特点——聚溪成潭。这里的“溪”包含投资者、生产者和消费者三股“溪流”，在区块链模式下，这三股溪流由于某种驱动力，源源不断地汇入区块链体系内，并借势形成“潭”——区块链经济体系，而这个驱动力就是其内嵌的通证产生“引力”。

第一，它能够促使区块链体系内的各方积极进行价值创造，加速价值在体系内的循环，促进整个经济规模的扩大，并以通证升值的外在表象体现出来。

第二，基于通证的升值，它不断地吸引体系外的人进入体系内，参与价值的创造和循环，推动整个体系呈螺旋式上升。

前面之所以说聚溪成潭的比喻不是那么恰当，是因为现实生活中潭的形成靠的是地势，而区块链之潭靠的是“引力”，将人群、资源从传统的商业体系引入到区块链经济体系中来。也可以这么理解，如果启动一个项目是开洼造潭，那么所造之潭是否会源源不断地有溪流汇入、溪流汇入的快慢则取决于项目的通证逻辑所产生的“引力”。

因此，区块链体系的核心驱动力在于具备一个逻辑自洽的通证模型，概括起来通证与区块链的关系如下。

1. 通证是区块链最好的应用

区块链主要的优势是无须中介参与、过程高效透明且成本很低、数据高度安全，这有助于达成信息共享，提升业务效率，目前很多行业都在研究区块链技术的应用。但是区块链最好的应用是在上面发行可信且背靠实体的数字凭证，也就是通证。

我们可以一起来看一下这几年的区块链商业模式的演进（见图 2-1）。

图2-1　区块链商业模式的演进

基于数字货币币价上升、博弈，单纯的“数字资产”进入人们眼帘，人们认识到了“数字”的重要性，但是比特币价格的变化与加密货币市场总值变化方向经常出现背离，越来越多的新一代区块链放弃了 POW[①] 挖矿的发行模式，多国政府对交易所、ICO、矿场等模式的监管日趋紧绷，同时，区块链正逐渐演化为一种“技术工具”，主流机构企业和投资机构对于区块链认知升级，并挖掘通证这个理论依据。于是，主流经济力量便手捧资源通证化地跑步进军区块链，通证应用思想和实践日益丰富，甚至出现了“通证派”，他们心中对通证和区块链做了以下排名：通证第一，区块链第二。

而在区块链技术的应用中，通证确实降低了交易、协作、流程门槛；实现了角色复合，使人在具体的场景下成为复合型角色；润滑交易，降低交易成本；消除信息不对称；重新构造了权益结构（这些特点将在本书第三章中详

① POW：全称 Proof Of Work，即工作量证明，又称挖矿。大部分公有链或虚拟货币，如比特币、以太坊，均基于 POW 算法，来实现其共识机制。即根据挖矿贡献的有效工作，来决定货币的分配。

细介绍）。

2. 区块链是对通证最好的支撑

区块链能够提供最强的安全保证，具备超强的信任传递能力，所以有人认为区块链是通证经济最好的“基础设施”，没有之一，两者是最佳的拍档，能够碰撞出无穷的火花。

比如智能合约。在CSDN、柏链教育联合举办的区块链系列沙龙中，孟岩表示，智能合约是以太坊提出来的，它要做全球计算机，这台计算机永生不死，不受外界力量左右。搞密码学的人之间流行这么一句“我们信奉密码学，不信上帝”，还有一句“上帝把密码学放到了宇宙里，一定是有原因的”……

但是通证和区块链是相互独立的，彼此都可以独立发展，只是没有通证的区块链就是一个用户数据升级技术而已，没有区块链的通证只是一堆不被信任的数字，所以只有二者结合才行。

总之，从区块链到通证，这一系列的爆发是有迹可循的，亦有其内在的逻辑关系，人们因为区块链而知道了通证。

通证经济是价值、权益都被通证化的经济，其通证的本质是数字化、透明化、信任化，借助于区块链或者可信的中心化系统使这个体系得以运行，把数字管理发挥到极致。

黄仁宇老先生写过一本书《万历十五年》，阐述了一个很重要的观点：我国古代社会，尤其明朝的灭亡，其中很大的原因在于国家没有数目字管理能力，使整个国家的管理处于一种非常粗糙的概念化的状态。而同期，欧洲已经在使用复式记账法，诞生了现代银行制度，对整个国家进行了比较现代化的数目字管理。正是这个差距导致明朝及之后的清朝在与西方的竞争中落后。

虽然今天我国的经济发展已经取得了重大的进步，但是与发达国家相比依旧存在着差距，在未来中国经济的发展中，区块链及通证是否会成为一条捷径？！

02

全球计算：分布式应用兴起

> 得之在俄顷，积之在平日。
>
> ——袁枚《占毕丛谈·谈文》

任何突破性的技术都不是凭空出现的，它往往凝聚了几代人的智慧成果，于某一时间点突然爆发，令我们措手不及，又受益匪浅。

《黑天鹅》的作者塔勒布说过这样一句话："现代社会给我们的双重惩罚是，既让我们衰老得更早，又让我们活得更长。"然而更可怕的是，互联网时代变革太快，或许连我们都不知道自己已经衰老。

比如，云计算概念刚刚兴起时，很多人野心勃勃想要一头扎进去大干一番的时候，就有硅谷的投资大佬语出惊人，他以“我将为你们展示什么才是未来”为开场白，随后论述了关于云计算昨天、今天和明天的“疯狂观点”，指出云计算时代还没有正式启动，就将很快“终结”，中央计算将很快被分布式计算取代，他非常乐于投资云计算的“终结者们”。

也许有人会认为这一观点只是噱头，但是我们却不能忽视，自云计算概念提出后，紧随其后的便是雾计算、网格计算、边缘计算等各种计算，它们各有道理又让我们眼花缭乱不明就里。其实它们的本质是随着人类信息的高度发达，产生了前所未有的大量数据，进而对网络结构产生巨大的压力，人们为缓解现状进行的互联网计算模式的变革。

互联网计算模式的变革概括起来分为三个阶段。

第一阶段：集中式计算模式。从 1945 年至 1985 年，计算机设备庞大且昂贵，因此并未普及。为了节约成本，这种计算机系统大都以一台主机为核心，连接着若干个终端设备，所有的数据存储和计算都在核心主机上进行，终端设备只负责接收用户的请求和计算结果。

第二阶段：单机计算模式。20 世纪 80 年代，随着集成电路技术的不断进步、微型计算机的诞生，人类开始进入个人电脑时代。从 8 位、16 位、32 位到今天的 64 位 CPU（中央处理器），机型发展非常迅速，许多 PC（个人计算机）机和工作站已经具备了曾经只有大型计算机才具备的计算功能，不仅可以存储大量数据，而且能进行相对复杂的计算，价格也便宜，计算机开始在寻常百姓中普及，计算机计算模式的主流从以一台主机为核心转移到以用户个人计算机为核心。

第三阶段：分布式计算模式。20 世纪 90 年代，计算机技术最显著的进步之一就是高速计算机网络技术的飞速发展，特别是 Internet① 的发展。局域网（LAN）可使同一建筑内的数十台甚至上百台计算机连接在一起，让大量的信息得以以 107~109 比特 / 秒或更高的速度在计算机间传送；而广域网（WAN）则能让全球范围内的数百万台计算机连接起来，大量的计算转移到了网络环境下的各种资源和个人电脑，这就是分布式计算。

计算模式发展至今，分布式计算技术已经成为影响当今计算机技术发展的关键，改变了人们传统获取、交换、处理信息的方式，其最大的特点是每个节点都有计算功能，但却需要每个用户去管理自己的节点、硬件软件。后来云计算出现，将大量数据的处理“权利”由人交给“云”去做，将人解放了出来。但云计算本质也是一种中

① Internet：全球信息网，简单来讲，网络就是在一定的区域内两台或两台以上的计算机以一定的方式连接，以供用户共享文件、程序、数据等资源。

心化计算，直到区块链技术的出现分布式计算才真正实现了去中心化，具体表现如下。

1. 中央控制方的“开放”

传统分布式系统往往是由一个机构进行控制，统一调度各个节点参与运算，而区块链不存在中央控制方，没有一个节点可以控制或协调数据的生成，各个节点只通过共识算法进行协调，生成一致的账本。

2. 区块链的规则是共识机制

虽然区块链共识机制（共识算法只是其中一部分）一般是由一个人或一个团队设计并制定，然后形成相应的程序，提供给加入社区的人使用，这一点和传统分布式系统一样，但是区块链共识机制的改变、升级需要社区成员对此达成一致共识才行，任何人或中心都不可能对此实施硬分叉，另建一个社区或一条链。这就是区块链在规则上的去中心化。

3. 区块链的不同计算模式保证系统的公正结果

很多时候网络节点之间不具有互相信任关系，为了解决这个问题，保证计算结果的一致性、公正性，区块链通过智能合约代码在网络上的所有节点上同时运行，并将执行的结果通过共识算法在全网验证，虽然计算上比较冗余，但可以很好地保证计算结果的一致性。而传统分布式系统则无须考虑这个问题，其中心化的运作模式，令同样的计算只需在一个或少数几个节点上进行，结果也不需要其他节点验证，效率虽高，但计算结果可信度却不如区块链高。

区块链是一种特殊的分布式系统，如果剔除了区块链的去中心化因素，则会退化为一般的传统的分布系统。区块链这种先进的技术让分布式计算再度成为一个热词，加之物联网时代的到来，新的计算局面已经形成：计算权利由“人”转移到“物”，将极大助力计算机计算自动集成资源，是一个可扩展性非常强的弹性计算技术支撑，比现有的云计算更加准确、公正，正在掀起新一轮的分布式计算热潮，打造着通证经济的节点基础。

同样一个事物，却因不同的技术加持而焕发无限魅力，不禁令人唏嘘感慨。随着科学技术发展，纯理性的境界并非无法实现。

03

信用成本：你怎样被他人完全信任

诚实比一切智谋更好，而且它是智谋的基本条件。

——康德《持久和平》

不论组织或个人，信用一旦建立起来，就会形成一种无形的力量，成为一种无形的财富。从某种意义上说，诚信会是一家企业、一个人的生存资本。

20 世纪杰出的经济学家哈耶克曾在其论文中提到交易成本分为两部分——显性成本和隐性成本。显性成本是指在生产要素市场上购买或租用需要的生产要素的实际支出，而隐性成本则隐藏其中，可以是显性成本的现在时也可以是将来时，且极具隐秘性、难以规避和量化。

而隐性成本中最大同时也最具变动性的是信用成本。

吴晓波曾在自己的著作中分享过一个真实案例——顺驰案。当顺驰难以为继的时候，孙宏斌解决公司与银行的债务问题，妥善安排遣散的员工，尽最大的努力保全个人的信用资产。

商业其实就是“机会游戏”，只要你还值得信任，就会有人愿意给你机会。果然随后孙宏斌创办融创，再一次迈入人生巅峰。

只是当劣币驱逐良币、当“这孩子太老实不适合做生意”、当君子因不会偷奸耍滑成为“刀俎上鱼肉”时，特别是互联网时代，人们通过网络互联，一个个信任问题开始赤裸裸地呈现在人们面前时，信任靠什么？靠人性？靠制度？

然而人性是靠不住的，制度又太过被动，且健全也并非易事。因此信任也许真如吴晓波阐述的那样：

信任需要摆脱对人性的依赖、摆脱对国家制度建设的等待；

重要的不是信任描绘的年代，而是描绘信任的年代。

那么如何去描绘完全的信任图谱？以区块链为技术基础的通证将发挥重要作用。

1. 底层协议的改变，有效解决信用不足产生的风险

互联网的发展，让我们尽可能地以更快的速度获取更多的信息，但是并没有对价值信息进行有效保护，没有完全实现价值传输，无论是互联网信息还是文件信息本身都可以被无限复制、传播，且各个节点之间、人与人之间都“隐形”在网络之中，我们无法确认和保证所获得的信息及所交往之人完全可靠、可信。

而区块链技术最重要的特征就是改变现在互联网的底层协议，在互联网中通过加密算法、解密算法、时间戳等一系列数学方式，让人们在不能互相信任的前提下还可以从事价值的交换活动，依靠其去中心化、去信任化、集团维护、可信数据库的四大优势，降低欺诈的风险。

2. 个人可通过通证获取信任价值

机构或企业实施区块链技术时，个人可以发行通证，为自己的信用背书，并将自己的形象资产“证券化”，它可在其搭建的交易平台中进行流通，这就决定了该通证可以换取更多的权益，也就是个人信用背书的一个完美渠道。

通证经济系统中，大家即便是初次见面，也无须费力去识别眼前这个人，只需非常简单地通过他的“通证”便可了解他的信用，认识他的价值，从而判断这个人到底值不值得交往和交易。

3. 通证及其技术的使用将会使国家的管理更加有序和谐

信任作为一种隐性资本，具有可积累性，这一点在通证经济中将体现得非常明显。由于区块链技术的便利性，每个人都可以将自身资质，包括学历、身份、收入、信用、财产等通证化，之后，其信息便不可篡改，都将原原本本地储存在区块当中，可以随时追溯，随时查验。

如果加上大数据、人工智能技术，我们就可以将所有希望甄别的犯罪行为或可能存在欺诈行为的数据放入系统中，就可以构建出真正的信用永续成长、负信用成本最大化的社会法律和制度构架，特别是监管构架。将来我们可能会站立在信用这一社会基础之上，人人的信用都会积累，都会成长，都会有用，都会价值最大化，人人的负信用都无处可挡、随处可查。

哲学家亚里士多德认为，信任是说服力的核心。互联网时代更是如此。但是我们却面临着信任困境：特殊信任程度高，如非常信任家庭成员和亲密朋友；普遍信任程度低，如不信任网友和陌生人。这不仅增大了人们的互动成本，也极大地影响了人们对契约、规范等的遵从。而这种信任体系建设的紧迫感和使命感，也会进一步促进通证经济的发展，极大拓展通证经济的应用领域。

04

价值传输：互联网之后还有什么

> 君子成人之美，不成人之恶。
>
> ——《论语·颜渊》

君子成全他人的好事，而不帮助他人做坏事。而区块链会是互联网技术中的翩翩君子，其技术特点会让互联网的世界更加规范、可靠、完善。

任何一个新兴事物产生后，我们都会要求其发挥所长，诚实可靠，在互联网中更是如此。

现在互联网已经被称为信息互联网，我们可以很方便地快速生成信息，并将其轻易复制到其他地方，信息可以在互联网上高效传播，也正因如此，随着互联网的高速发展及普及，人类进入了信息爆炸时代。而为了满足人们对信息的渴求，信息传输技术遍地开花，不断创新，比如云盘、离线传输技术等。但是这一切也仅仅属于信息传递的范围，还远未上升到价值的层面。

不同的人对于价值有不同的看法，信息、资金、财务、信用等都可以是价值，但从整个互联网的概念来看，无论是信息还是实物，其价值都需要被信任地转移并被实现。

而传统的互联网在传输价值上存在以下问题：

第一，需要大型的中介机构，比如需要各大银行、各大中心化组织作为第三方媒介。

第二，如果你需要对方认证，对方只能通过查询认证机构或第三方旁证机构确定，过程烦琐，传递成本高。

第三，传递过程中信息可能被篡改，会导致最终传递的价值和之前承诺的价值不一致。

第四，任何传递过程中的技术控制一旦受到威胁，个人信息就会被泄露，隐私保密性会是一个很大的问题。

第五，中介机构服务端的安全和稳定性无法保证，整个传输过程一旦中断，就会停滞。

这些问题的出现，无疑对互联网技术提出了更高的要求。而区块链恰恰可以解决这些问题，简单来说，它是一种价值传输的网络，可构建一种纯粹的点对点价值转移体系。

1. 无须中介机构的介入

区块链的去中心化，可以让我们在没有第三方信用背书的情况下，实现在一个开放的平台上进行远距离的安全交易，并保存所有的历史记录，消解了中心机构对资源、价值的垄断。

在整个过程中，网络上所有的参与行为都会保存一份完全相同的账本，一旦对账本数据进行修改，所有的副本数据很快就会做到同步，并且在这种分布式的技术特点中，每一笔交易都有一个独一无二的时间戳，可以很好地避免重复支付的产生，极大地降低了传输、交易过程的复杂和风险。

比如，新西兰产业通证 NRT，它为房地产业打造了一个去中心化的平台，平台之间没有壁垒，房地产的价值及数据可以共享。

新西兰产业通证使房地产合同、第三方托管的契约、财产记录（例如契约）可以在无需产权公司或律师的情况下进行分配。购房者可以在网站上购买房产（以及托管和产权保险），并完成购买流程。区块链确保买方获得所有权或契据，这不仅可以简化签订、公证的流程，还能让之后房产证溯源、查询变得非常方便。这些不仅节省了推广运营费用，还减少了第三方的制约。

2. 区块链是一种开源技术

区块链是一种开源软件[①]，其代码可以被任何人阅读，也可能被黑客关注并分析、利用可能存在的漏洞，但是与闭源软件相比它的漏洞较少，因为开源代码可以被全行业审计，被不同的开发者不断地修订和安全加固，在安全方面的风险会大大降低。此外，开源软件本身不包括业务逻辑，不会影响到业务合规、资金安全和用户数据隐私等。

“不因一叶障目，而不识神秀岱宗；不为一朝风月，而不解万古长空。”互联网在价值传输方面，绝对不会仅仅停留在信息的传播上，随着知识型 IP 的兴起、价值通证的发展、计算模式的去中心化……未来的互联网将是创造价值和实现价值的载体，让我们拭目以待。

关于人类价值意义的探讨：西方式的思维把人类的协作简化为“想象共同体”和“算法”，认为，未来的世界似乎依然是有章可循的，是平滑完美的，如同柏拉图的镜像论，又如同爱因斯坦的相对论。而东方式的思维，则有能力把世界重新拉回到无序、随机、循环、矛盾等本来面目中。两种思维各有道理：技术的加持可以逐渐实现平滑完美，比如区块链技术；而技术的发展正是循环、矛盾的过程，比如互联网乱象。结合这两点，才可能一窥互联网将会为人类带来的真正样子。

---

① 开源软件：开放源码软件（open-source），是一个新名词，它被定义为其源码可以被公众使用的软件，并且此软件的使用、修改和分发也不受许可证的限制。

05

通证经济带来的认知演变

> 因为得智慧胜过得银子，其利益强如精金。
>
> ——《旧约》

是什么让我们对生活充满激情？是什么让我们在事业上稳步前行？是环境和自我认知的影响，而这便是智慧。

数字本是我们习以为常的符号，只是为我们提供对事物的数量或关系的说明与描述。

但是当数字作为一种认知自然的精密工具以后，数字便从单纯的数学描述语言转变成了复杂的计算技术语言，更是在互联网技术的运用中，形成了一大批以现在数字技术为生产方式的产品，以区别于其他人工技术产品，比如

IP、游戏装备等。这样的数字产品流通于人类的社会生活中，便成了世间万物的一部分，影响甚至颠覆我们的认知模式。这种存在便被称为数字物。

想要洞察其中的玄机，就要追问当今数字的使用和存在方式：从使用方式上看，当今的数字技术主要通过基于二进制运算系统的计算机操作实现，其运算性质是逻辑与算术的结合，产生的信息单元被称为比特（bit）[①]；从存在方式上看，作为比特量的数字经过编码、生产、转化，成了一种产品，变成数字物并参与到我们的生活当中。而数字物有其自身特点：

第一，具有似物理性，它像现实事物一样具备相对独立的因素，可感知、可拥有、可使用。

第二，具有非物理性，它不受物理时空的限制，能同时存在于不同的时空，并可进行自我复制，打破原物与复制物之间的界限。

第三，具有虚拟生存性，它能自创一个虚拟的世界，并为人类社会提供一种具有实在性的生活方式。

第四，具有自生产性，能够自我生产、复制，并将自身存在的意义架构在人类存在的社会形态上。

基于这样的一些特性，数字物对我们的意义并不低于

① 比特（bit）：计算机专业术语，是信息量单位。

现实事物。

比如，从生产角度看，数字物的复制品几乎等同于其原产品，并具备同等价值；从使用角度看，数字物可以接受使用者的参与和渗透，甚至能够将自身的感受内化其中，消除人与人、人与物之间的外在关系。

因此数字物既不是现实中的事物，也不是意识中的事物，而是一种介于虚实之间的存在，打开了一个充满无限可能性的世界，并极大地冲击着我们的认知。

1. 开启新的认知模式

我们以现实事物为基础的认知模式主要基于感官对现实事物材料的分析与综合，而以数字物为基础的认知模式则主要基于一种对交互体验与活动意义的评价和介入，它开启了人类以交互体验方式重构认识世界的认知模型，并扩充着我们对世界的领悟，让以往意识、物质相分的二元结构，转变成了多元结构，并使人自身具备更多的多元性。

2. 对人类精神思维领域的冲击

数字物不仅颠覆着我们对物质领域的看法，而且对我们的精神思维领域也产生了冲击。

比如，今天的我们经历了数字货币的洗礼、通证的实用，已经知道现实中的事物并不是唯一的真实存在，数字也是一种真实的存在；精神并不是人类自身所独有的对物质世界的反应，精神同样也对虚拟物产生作用。这一切都极大地刺激着我们的思维方式，让新的思维和新的时代精神不断地诞生。

3. 数字物也存在消极影响

数字物为我们打开一扇通往无限可能的大门时，也在封锁通往这扇大门的其他道路。我们在专注这条道路的时候，作为人类自身的多元性可能逐渐转变为一种单一的向度，使生存世界更加数字化、图像化和碎片化。

比如，即时通信、社交网络、云计算、大数据等，为我们提供了一种脱离生活感知基础的强有力的合法机制，却使我们丧失了作为人直接感受世界、表达世界的权利。

当我们越来越依赖数字物时，我们可能也将失去对现实世界连续性的理解，失去对整个生命的丰富体验。

数字技术发展、数字物的存在是必然趋势，但也需要有其限度，这种限度应该源于我们对自身的不断追问，即使答案众说纷纭，也不能掩蔽这种追问所展现出的人类曙光的端倪。因此在通证经济来临，我们不断“数字化”时，切莫忘了我们生而为人的权利和多样性。

【通经纬·证明悟】

“万物皆有时，时来不可失”，世间任何事物都有自己的发展规律，更有着深层次的触发条件。而认识这样的触发条件，往往意味着“获得先机”，能够让我们在机会来临时，更好地把握。

所以，现在你是否能够回答以下问题：

是什么驱动着通证经济的发展？

这些驱动力有哪些是你所忽视或不具备的？

你将如何更好地抓住机遇？

CHAPTER 3 | 第三章

通证特点

——通证经济有何魔力

我们可能要面临一场革命。这场革命始于通证经济，其自身所具备的一些特点正在颠覆着传统经济和互联网经济的商业模式，让我们隐约听见未来由通证经济掀起的革命的滚滚雷声。

RECONSTRUCTING THE ECOSYSTEM OF THE TOKENOMIC

01
走出Token的误区

> 夫小惑易方，大惑易性。
>
> ——《庄子·骈拇》

小的迷惑可以使人弄错方向，大的迷惑能够使人丧失本性。同样，对通证的理解如若仅仅局限于代币，而不能看清其本质，必然会走错方向，甚至违背商业初心。

“现象并不被看作是通向真理的线索，但我们似乎没有任何别的线索。”如果说 Token 是“真理”，那么数字货币、区块链只是其爆发出来的“现象”，我们想要真正地了解 Token 依旧需要从数字货币和区块链这个线索入手。

Token因数字货币、区块链而火，曾被直接翻译成“代币”，一些人甚至直接将其等同于比特币、狗狗币等虚拟数字货币，把通证经济错误地理解为依托区块链发行的一套数字货币系统。

后来，有人说Token不应该直接翻译成“代币”，因为它根本不是货币，也不可能成为货币，它只是一种虚拟世界的通行证，将其翻译成“通证”更加合理。

于是，很多人迷糊了：Token和代币是一样的吗？项目中的通证就是发行一套代币系统吗？每个相关项目都要发币吗？

想要解答这个疑问，我们必须先弄懂通证的含义（见图3-1）及“数字货币”“代币”“通证”三个关键名词的内在逻辑关系。

图3-1　通证的含义

数字货币，例如比特币、莱特币，它依托的不是价值背书而是共识，挑战了传统货币概念；

代币，很长一段时间内对 Token 片面的或者说错误的翻译，它类似货币，但限制使用范围、不具备通货效力，Q 币、游戏币等也是代币的一种；

通证，即加密数字权益证明。

从某种意义上来说，Q 币、游戏币、各企业发行的用户积分、商场会员卡等都是原始的通证，都是一种数字化的权益证明，但是没有密码学的应用，流通上也受到限制。

所以，“币”代表价值，“证”代表权益，通证可以代表任何的权益。

千万不要小看了这个“造词”的过程，它向我们进一步揭示了币圈与通证之间的本质区别：币圈是资金空转的代表，通证是脱虚向实的代表。

1. 发行逻辑不同

币圈大部分的逻辑建立在首先吸收用户，将用户缴纳的 ICO[①] 款项变成其发行的代币上，很少有发币机构主体会考虑要建立一个优良的通证系统，这存在许多风险。

通证是“资产证券化[②]”，鼓励大家将自身所拥有的权益都进行通证化，包括资金、房产、工资、股票、合同、证书等你认为有价值的资质，并将其放置区块链上进行流通，让市场自动检验其价值，还可在生活中进行验证、消费。

---

① ICO：Initial Coin Offering，是区块链项目首次发行代币，募集比特币、以太币等通用数字货币的行为。

② 资产证券化：是指以基础资产未来所产生的现金流为偿付支持，通过结构化设计进行信用增级，在此基础上发行资产支持证券（Asset-backed Securities, ABS）的过程。它是以特定资产组合或特定现金流为支持，发行可交易证券的一种融资形式。

总的来说，币圈发币要进行募资、预售、交易、流通四个环节，而通证上市也需要进行预售、交易、流通，但是否募资是币圈与通证最大的差别。

2. 对区块链的使用方式不同

币圈对区块链的使用，更侧重于区块链技术，而非通证背后的价值，所以并不能真正发挥出通证的价值。

通证经济系统基于固有和内在的价值，在现实生活中用区块链进行交易、消费、验证、流通并能够服务实体，区块链对其来说是一种服务实体的手段和媒介，优良的区块链系统中颁发的所有通证都应立足于实体经济、为实体经济服务。

所以，想要真正认识到通证经济的魔力，我们需要先跳出代币的误区，认识到它真正的数字经济内核。这比今天的市场价格讯号要灵敏和精细得多，并拥有其自身的独特特点。它和代币有本质上的不同。

02

通证经济催生更加丰富的发展模式

> 道生一，一生二，二生三，三生万物。
>
> ——《道德经》

“道”是我们存在的这个世界中事物运行的规律；不管是东方还是西方都重视“三”的运用，如“三驾马车”“三分天下”等，今天通证经济与实体经济、虚拟经济的“三位一体”，以及自身的三个要素，已经具备了“生万物”的条件，人类社会可能会因此迎来新的发展趋势。

人类社会自身发展规律诞生了经济，经济发展至今分化成了实体经济和虚拟经济。

实体经济是指生产、流通物质的、精神的产品等的经济活动，它是人类社会赖以生存和发展的基础；而虚拟经济与实体经济相对应，是和人类预期心理作用有关的活动，对实体经济经过预期收入资本化定价后进入市场交易，如股票、债券、金融衍生工具等材质本身或符号，是不经过具体的客观物质产品或劳务，只通过建立在人类社会经济活动分工细化和信用借贷基础上的价值符号的转移，对价值或财富进行分配或再分配的人类经济活动，简单地说是直接“以钱生钱”，它与实体经济相对应，也已经成为现代经济生活的常态。

原本虚拟经济依赖于实体经济，实体经济借助于虚拟经济，但是目前的状态却是，虚拟经济发展“过火”。

曾经在央视财经频道《对话》栏目中，就“90后”不愿意去实体经济工作，喜欢开网店一事，董明珠一语惊人，她表示，这一代人对我们国家经济的发展是有隐患的，不仅仅是网店模式给实体经济带来冲击，它给整个社会都带来了冲击。也许董明珠的观点在有些人看来有点“言过其实”，但是我们不得不反思：

第一，互联网技术的迅猛发展，在给市场带来极大便利的同时，也不断地催生和放大着虚拟经济，这时候市场的需求已经有点不真实，同时“脱实向虚”的趋势也正在改变着人类传统的运作模式。

第二，虚拟经济的火爆让金融精英“钱生钱”游戏越玩越大，让从事金融业、房地产等领域的工作群体成为强势人群，他们运用技能和手段不断推高资产价格，从而轻易赚取热钱、大钱、快钱。金融原本是为实体服务的，却演变成了一个强大的产业，形成“向虚脱实”的局面，进一步加剧社会贫富差距。

“虚实”之间的调和已经是大势所趋，其关键的核心是互联网技术的融合，其中“新零售”的提出和流行便是最好的佐证。但是新零售本质还是实体经济，只是线上线下运作模式的融合。

经济之道有一个标准的概念：经济是价值的创造、转化和实现；人类的经济活动就是创造、转化和实现价值，以便满足人类物质和精神文化生活的需要。它是一个动态的过程，包含着人类的生产、储蓄、交换、分配等各项活动。

而因虚拟经济而火的通证经济，它自身所包含的数字权益证明、可流通性、加密这三个要素，就是关于价值的创造、转化和实现，本质是一种价值驱动的经济，不论是技术还是发展模式都能够成为虚拟经济与实体经济之间的“桥梁”，在技术、观念和行为上实现“虚实”结合。

1. 数字权益证明

通证，简单解释就是人类在生产、储蓄、交换、分配等各项活动中通行的证明，更确切地说是一种数字权益的证明，以数字形式存在的权益凭证，代表的是一种权利，一种固有的和内在的价值。

人类社会发展到今天已经有太多的证明了，比如身份证、房产证、土地使用证等，但是其本质是一切以中心化为主体的通行，是一种权利的外化。而通证，把权益数字化、去中心化，且不可篡改，可打破障碍，可以将资产和权益赋予同样的身份和权利，尤其对那些相对稀缺并具有长期存在升值潜力的资产和权益更好地进行保护，对整个人类社会来说资产和权益的取得、分配将更加公平、公正，不论是实体经济还是虚拟经济，都能得到保护。

2. 可流通性

中心化的流动限制了价值的创造、转化和实现，如果加上权力的滥用则会导致腐败和不公平。而通证具有更强的流通性，它能够在网络中流动，随时随地被验证。同时高流通性也能带来高溢价。

比如，你花了 500 元买了一张紧俏的演唱会门票，但你没时间看，于是你要把它转让卖出，结果你发现有人愿意出更高的价钱买这张门票，你卖了 600 元，这 100 元就是溢价价值。

通证是为了打通流动的障碍，让传统经济的流通性更高，有利于主体在经济活动中发现需求和降低成本，享受的溢价价值也会更大，在流通性方面更具优势，能够更好地实现价值转化、变现。

3. 加密

加密，代表通证的真实性、防篡改性、保护隐私等能力，由密码学予以保障。每一个通证，就是由密码学保护的一份权利。这种保护，比任何法律、权威和枪炮提供的保护都更坚固、更可靠。

实体经济、虚拟经济、通证经济三者的结合将极大地变革未来的经济形势，通证经济自身所拥有的三个要素也将催生出更加丰富的经济发展、运作模式和更加生动的社会经济观。

03

拨开通证的五里雾

不可像那无知的骡马，必用嚼环辔头勒住它，不然，就不能顺服。

——《旧约》

任何事物都不能放任自流，也都有其自身的活动限制，而对通证的分类，便是勒住它的嚼环辔头，让它得以更好地明白自己的职责所在，更好地发挥作用。

虽然弄懂了通证的定义、与区块链的关系和通证的特点，但是关于通证经济的各种争论，依然让我们如堕五里雾中，弄不清其中的“虚实”。

美国证监会将加密数字货币划分为两类：实用型通证

(utility Token) 和证券型通证 (security Token)。

实用型通证专注于针对产品或服务的最终用户，你无法雇用用户，只能去争取用户然后留住用户，因此需要放低进入门槛（降低最低购买量）并且锁定大量购买者（大多数情况下）；证券型通证，涉及合法性问题，通证结构和围绕该结构的相关法律问题从一开始就很重要，需要雇用律师，接受证监会的监督管理。

通证的运用涉及各行各业，形式多种多样，具体可细分为以下几种类型。

1. 货币型

它可以简单理解为数字货币，比如比特币、莱特币，有明确的价格标准，可以直接兑换成法币或者用于购买。风险较大，未来发展情况存疑。

2. 证券型

这类通证通常都以真实资产为支持，比如资产权益、公司股份或大宗商品等，持有人可以获得企业所有权或股份。公共股本、私人股本、房地产、管理基金、交易所基金、债券，这些都是证券型通证的常见示例。

合法的证券型通证比操作 IPO（首次公开募股）成本更低，进入金融市场的门槛更低，有可能带来更好的回报。但是不遵守法规，可能会带来惩罚，甚至可能使项目脱轨交易。

基于区块链技术的发展，证券型通证已经可以授权进行首次公开发售活动，并受一定的法规约束。它使创业公司能够通过发行通证，而不是传统的首次公开募股来募集基金，消除了普通投资者或者初创型公司进入金融市场的障碍。

3. 权利型

这类通证是指持有人在特定应用场景获得的权利或权益，比如投票权、贵宾卡、优惠卡，也可将其看成是一种“奖励”。

当通证持有人或者用户在一定时期内维持自己与企业之间的关系，就可以应用这类通证。用户通过网络为相应的企业建立声誉的行为可以通过通证筹赏获得回报。持有人/用户的忠诚度可以让他们拥有获得新产品和服务的特权，也可以用于在未来购买时获得折扣甚至得到免费商品。

4. 标识型

这一类的通证很好理解，是指本身不具有价值，但是某种有价资产或客观事实的标识，比如产品溯源标签、老年证、房产证等。

5. 混合型

混合型就是具备多种价值属性的通证。

混合型通证会是一个重要转型方向，目前市场已有不少机构正在创新服务模式，努力向“实”靠拢，这对投资者来说未必不是一件好事。

我们应擦亮眼睛充分辨别通证类型，看看其最终的设计是想打造生态，还是满足融资，抑或拓展产品和服务，这样才能更好地根据自身的实际情况进行选择。

04

通证价值的六个评判维度

> 慈爱和诚实，彼此相遇。公义和平安，彼此相亲。
>
> ——《旧约》

商海之中，我们常说“天人交战”，而通证经济可能会为我们献上一个集慈爱与诚实、公义与平安、可靠与纯净于一体的商业模式，让我们收获价值。

一直以来，人类的价值尺度是多维的，任何人在任何时刻对某一特定事物的价值判断标准都不一样。

比如，投资债券时，增值收益是一个很重要的维度，但有的人关注的是投资标的今天值多少钱；有的人关注的是未来三年它值多少钱，不同的人对其中的风险有着不同的判断。

再比如个人信用问题，腾讯曾运用国际领先的大数据、机器学习等先进技术，通过“履约、安全、财富、消费、社交”五大维度推出腾讯信用分，服务金融机构。

履约，你平时是否守约，例如贷款、信用卡、分期是否按时还款。

安全，你提供的个人信息是否准确，账户的安全性是否足够高、是否经常更换联系方式等。

财富，你的个人资产情况，例如各类资产的构成等。

消费，你的微信、手机支付行为如何，例如购物、缴费等场景的行为及偏好。

社交，你的人脉关系如何，良好的人脉关系有助于提升社交指数。

因此，对任何事物价值的评判从来不是单一的。

同样，判断通证的价值，也不能只从金钱（值不值钱）这一个维度来判断，否则它的意义会大大减弱，也有可能会让我们一叶障目而错过很好的机会。

要评判通证的价值，至少应该从以下六个维度进行。

1. 加密

加密既是通证的一个特点，也是判断通证价值的一个非常基础的维度。它不仅体现了技术的先进性，也体现了互联网时代人们对于隐私保护的刚性需求。

2. 流通

流通也是通证的一个特点，同时是判断通证价值最重要的一个考量维度，它包含两个含义：流动性和流动量。

先看流动性。一般来说决定资产流动性的主要因素是中介，中介的边界往往也是该项资产所能达到的流动边界。比如法币，其流动中介是央行，边界便是国家，所以法币虽然具有很好的流动性，但是跨国流动很麻烦；股票，其流动中介是交易所和登记公司，其边界是不同地区市场和交易时间，虽然流动性也很不错，但是跨市场、跨时间流动很麻烦；房产，其流动中介是相关管理部门，它的制约很多，所以流动性很差。而通证一旦上链，可以跨越国家、地区、时间和其他中介，流动性将会大很多。

再看流动量。流动量越大通证价值越大，这和股票市场一样，存在流动性溢价。因此如果一个通证如一潭死水，没有流动量，存在意义便不是很大。

3. 广度

未来证券型通证可能会成为一个新的投资热点。我们要充分认识通证和股票的区别，而它们最大的区别在于广度。

对股票来说，一只股代表一家公司，能有稳定控股的大股东最好，太分散反而容易造成公司治理结构和股票价格的大幅度波动。而通证依靠共识机制维持，持有人越多越分散表明共识越大，越有价值，其所到达和包含的社群

应该代表和包含很多公司。

4. 权益

通证的价值还取决于白皮书中给它定义的类型和性质。

虽是爆发初期，但市场已经出现了名目繁多的通证类型，有的像债券，有的像物权证明，而有的混合型通证被赋予以上多种或全部权益。对于持有者来说权益当然是越多越好。所以，看通证值不值得持有，要看它被赋予了多少权益。

在通证权益中，笔者认为股票权益和货币权益最为重要，这决定了它增值保值的能力，以及更具有流动性。

5. 效率

这一维度就是整个通证经济系统的运行效率，包含架构设计的合理性、激励机制和项目业务匹配的契合度、业务增长势能等。

很多通证经济系统往往设计得很美好，但是运行起来却很“骨感”，存在诸多问题，严重影响其价值。因此我们应当留意通证经济体系的操盘手在设计这个通证系统时是否留足了周转的余地，在项目运作起来后是否有空间对将会出现的问题进行适当的调整。

6. 公平

也就是说通证分配机制是否公平。

在一个分配机制公平的通证系统中，项目团队、合作商、传播者、用户等，只要有贡献都应当根据工作量或者对项目的贡献大小进行公平的通证分配，这样才能始终保持所有参与者的积极性和整个系统的活力。

这里需要特别注意一点：如果一个通证系统中，团队持有比例过高，可能存在“割韭菜”的嫌疑，这样的通证系统对我们个人来说非常危险。

总之，考量通证的价值，至少应该包括加密、流通、广度、权益、效率、公平这六个维度，只有进行综合分析，才能有效判断它的价值。而极具价值的通证可以提升市场经济的效率，激发创新和活力。

这六个维度的评判标准，算是比较全面合理的概括，确实能够很好地帮助我们判断通证的价值。

05

通证经济的四大要素

> 君子务本，本立而道生。
>
> ——《论语·学而》

君子应该着力于根本，根本确立，那么仁道就此而生。而商业的根本在于什么？在于“务实”，不投机，不钻营，踏踏实实，做事敢为人先，做人甘为人后，这样何愁不成功？

“如果有 20% 的利润，资本就会蠢蠢欲动；如果有 50% 的利润，资本就会冒险；如果有 100% 的利润，资本就敢于冒绞首的危险；如果有 300% 的利润，资本就敢于践踏人间一切法律。”这是马克思资本论里传播极广的一句话。

2017 年 9 月 4 日，中国人民银行、中央网信办、工信部、工商总局、银监会、证监会和保监会联合发布了《关于防范代币发行融资风险的公告》，对代币发行融资活动给予了定性，已经明确告诉我们 ICO 或变相 ICO、变相发币是一种非法公开融资的行为。

今天，在他去世 130 多年后，一个新问题浮出水面：如果有 1000% 的利润，一切将会怎样？

2017 年年末，在比特币冲击 2 万美元高点失败并不断下跌后，很多代币破发，ICO 红利戛然而止，一场全民参与的“靠着一本白皮书就坐收千万”“坐等代币涨价，人人走向致富梦”的闹剧也猛然结束，众多参与者血本无归。

为什么会这样？因为 ICO 个人投资风险极大，存在：

项目恶意欺诈风险，仅靠一本白皮书就可以募资圈钱。

项目方跑路的风险，项目方拿了钱不“干活”。

破发风险，币价跌破发行价（根据统计，2018 年后登入各大交易所的 247 种虚拟货币中，87.5% 长期处于破发状态）。

ICO 接盘者不存在，破发成大概率事件，这局该如何破？

IAO 是项目方先出钱做项目，在项目成熟后共建项目生态，并通过通证来奖励、激励所有参与项目方，让持有通证的人获得一些额外的收益，同时，通证的价格可以随着项目进展不断增值。

当项目进展到一定阶段，用户发现项目真的很不错，长期发展非常有价值，项目通证就会变成一种持续增值的资产，用户自然捂盘惜售，长期持有，并且用户也会从二级市场变成项目的投资人，成员将共享社群整体价值增长

ICO、IPO、IAO，ICO 纯粹建立在“虚无”之上，存在欺诈风险；IPO 公开募股，说白了不过是线上融资；IAO 则与项目绑定。

的收益。

而这也是一种创新性的通证经济运用，让我们从中窥得了通证经济的四大要素：

1. 良性运营的项目

ICO 由于缺乏监管，很多币都成了空气币，在一没需求、二没用户、三没市场、四没收入的情况下先募资、圈钱，后面怎么花一无所知，只有故事和谎言，把一个正常的商业逻辑前后倒置了。而 IAO 需要项目已经有基础，有成熟的团队，有有价值的资产，通证是为了借助公有链上的资源获得助力，本质上是整合资源推动项目更好的发展。

因此，良好的通证经济系统不应该是虚拟的存在，而是应当有一个实实在在的良性运营项目作为基础、支撑，这样才能保证通证的价值和生命力。

2. 开源共享的思维

ICO 目的很简单，募资、圈钱，而 IAO 是通过通证系统将良好的项目资源重新开源共享，这种开源共享也打破了项目发展后仅有少数人获利的局面。

比如，一家公司上市，获得收益的往往是创始人及他的创业团队、早期的投资人，而大部分员工和广大的消费者并没有受益。通证经济则不同，运用通证，可对项目再次开源，各个阶段的所有参与方，通过自身的贡献都能有机会获得通证，一旦通证成功发行，持有通证的人都能受益，其核心思想是共享、分享成果。

因此想要很好地运用通证经济服务自身项目，必须要具备开源共享的思维。

3. 商业模式的创新

传统项目的发展和推动一般靠股东的资金注入和团队的运营，但是 IAO 模式运用通证的开源共享建立商业利益共同体，所有人不仅可以参与到项目的各个阶段，并能够充分发挥他们的作用，不管是资金还是劳动力上，都能从不同方面为项目提供助力，且随着项目的发展，一些人的身份还会发生转变，不单单是项目参与者，更有可能变成项目的“主人”。

可以说通证经济的运用，颠覆了传统的商业发展模式，改变了商业生产关系，以商业利益共同体的方式推动着整个商业项目的发展。

4. 区块链技术的应用

通证经济的发展离不开区块链技术，区块链技术是其技术基因。虽然 ICO 借着区块链炒作概念，玩了一套商业模式的把戏，但这不是技术的错，而是贪婪的错。

总之，不管是 IAO 还是其他的通证经济的创新运用，都离不开以上四大要素，这也是让我们充分认识通证经济模式的基础。

马云表示，很多人一生输就输在对新生事物，第一看不见，第二看不起，第三看不懂，第四来不及。对待通证，我们是该认真了！

【通经纬·证明悟】

通证经济是新兴事物，很多人对其也存在着各种误解。理不清其中的关系，便会成为无头苍蝇，要么随波逐流，等待着被收割；要么莽撞前行，碰得头破血流。

那么，通过这一章的介绍，你要静下心好好问一问自己：

通证最核心的特点是什么？

哪一个通证类型最适合我？

在通证经济中我的着力点在何处？

CHAPTER 4 | 第四章

技术基因

——区块链推开信任大门

如果说通证经济将给未来商业和社会带来巨大变革的话，那么区块链技术将是极大推动这种变革的技术革新力量，它已经被有些人称为继蒸汽机、电力、信息和互联网科技之后，目前最具有潜力触发第五轮颠覆性革命浪潮的核心技术。

RECONSTRUCTING THE ECOSYSTEM OF THE TOKENOMIC

01 区块链的理性繁荣

贸易的精神在人们的思想中产生一种精确的公道的观念。

——孟德斯鸠《论法的精神》

如何更加公道地进行贸易，是人类经济发展的永恒追求，而公道除了依靠人的自律、市场的自我调节外，还来自公正、开明的技术加持。

互联网技术爆发早期，面对互联网的隐私性、安全性和包容性等问题，一些技术专家开始尝试用密码学去解决。但是由于存在第三方机构，无论这些专家如何去设计互联网的基础流程，这些问题还是无法完全解决。只要是需要通过第三方的服务支持，用户就必须将很多的个人数据透露给第三方。

1993 年，天才数学家戴维·查姆提出了一个数字化支付系统——eCash 系统，让用户在互联网上匿名支付成为可能，也很安全，适合一些价值较低的交易。当时这个系统很是风靡，微软和网景公司都有意将它作为一个功能整合到 Windows95 和 Mosaic 浏览器中。只是有点可惜，当时网上购物还不时兴，在线购物的用户也不太关心互联网上的隐私保护和安全问题，由于没有市场，1998 年戴维·查姆的公司破产。

然而，也在那时，戴维·查姆的一个同事尼克·绍博，模仿诺贝尔奖得主利昂·莱德曼所创的词语“上帝粒子（希格斯玻色子的别称）”，写了一篇名为“上帝协议”的论文。就像利昂·莱德曼所认为的希格斯玻色子在现代物理学中的重要性那样，尼克·绍博在论文中假设了一种可以取代所有中间机构的技术协议，认为这样的协议是“让‘上帝’在一切的交易中扮演可信的第三方”。他的假设是这样的：

> 所有的参与方都会将其信息和价值输入到“上帝”的手中，“上帝”会可靠地决定执行的结果，并将结果输出到参与方的手中。在这个过程中，一切涉及隐私的信息都归“上帝”所有，没有参与方能窥视与自己无关的信息。

他的假设将在互联网上开展业务提升到了一定高度，

具有很强的前瞻性。

到了 2008 年，当全球市场遭受前所未有的金融危机时，区块链技术诞生，让在脱离可信的第三方机构的情况下，数十亿设备可在彼此之间安全地交换信息成为可能。

为此，世界震惊了，区块链也释放了这个世界的想象空间。世界各地的有识之士开始纷纷思考和尝试理解利用这一技术，仅通过智能代码就能让普通人去架设信任桥梁的可能性及潜在影响，而这在以前是从来没有发生过的。其实，区块链技术构建的系统，其魅力的主要体现恰恰在于它的五大特征。

1. 去中心化

由于使用分布式核算和存储，不存在中心化的硬件或管理机构，任意节点的权利和义务都是均等的，系统中的数据块由整个系统中具有维护功能的节点来共同维护。任一节点停止工作都不会影响系统整体的运作。

2. 高度自治性

数据以协商一致的规范和协议自动、安全地交换，整个系统的所有节点都不需要人为干预，使得整个系统中的所有节点都能够在去信任的环境下运行，从而将对“人”的信任改成了对机器的信任，任何人为的干预都不起作用。

3. 信息透明性

系统是开放的，除了交易各方的私有信息被加密外，系统中的数据对所有人公开，任何人都可以通过公开的接口查询数据并开发相关应用，因此整个系统信息高度透明。

4. 交易匿名性

由于节点之间的交换遵循固定的算法，其数据交互是无须信任的，系统中的规范和协议会自行判断活动是否有效，因此交易双方无须通过公开身份的方式让彼此之间产生信任，对信用的累积非常有帮助。

5. 不可篡改性

各区块内的数据经过哈希算法[①]计算生成哈希值后即被安全、永久地存储起来，除非能够同时控制住系统中超过 51% 的节点，否则单个节点对数据库的修改是无效的，因此数据稳定性和可靠性极高。

确实，区块链就是一套创造信任的技术，一个安全可靠的交易“保险箱”，让互不信任的人在没有权威机构的统筹下，还能愉快地进行消息、价值的互换。

然而，很多人对区块链技术虽耳熟能详，却往往因一些太过专业的解读有种雾里看花的感觉，因此在接下来的小节，笔者将给大家简单明了地拆解区块链的技术特征，让大家在“显微镜”下看到区块链的真貌。

① 哈希算法：一种将任意长度的消息压缩到某一固定长度的消息摘要的函数，在信息安全方面的应用主要体现在三个方面：文件校验、数字签名、鉴权协议。

02

一层一层剥开区块链的“芯”

先看结的果实，再看它是什么树。

——哈萨克族谚语

如今，区块链已经是一棵结好果实的树，在对通证经济进行了解、运用的过程中，在知其果时，更要对其结构有充分了解，方能“因树制宜”，构建落地路线。

曾经，因为谷歌地球炫酷的效果，技术人员学习了解 Ajax[①] 技术。现在，历史再一次重演，很多人惊讶于比特币的疯狂，进而开始研究其背后的技术——区块链。

① Ajax：即“Asynchronous JavaScript And XML”（JavaScript 和 XML），是指一种创建交互式网页应用的网页开发技术。

区块链本质是一项技术，是存储数据的一种独特方式：运用数据结构存储大量交易信息，并且每条记录都进行有序链接，而加密货币也仅仅是其开发实现的一类产品而已。

后来，人们将其做了广义的延伸。

狭义区块链：仅仅涉及数据存储技术、数据库或文件操作等。

广义区块链：是实现了数据公开、透明、可追溯的产品架构设计方法，必须包含点对点网络设计、加密技术应用、分布式算法的实现、数据存储技术的使用这四个方面，其他的可能涉及分布式存储、机器学习、VR（虚拟现实技术）、物联网、大数据等。

而在通证经济体系下的区块链技术，是广义区块链，它在架构设计上，可以简单地分为三个层次：协议层、扩展层、应用层。它们之间相互独立又不可分割，形成了整个区块链的运行逻辑。如图 4-1 所示。

1. 协议层

协议层是区块链的底层技术，类似于电脑操作系统，维护着网络节点。这个层次是一切的基础，包括网络编程、分布式算法、加密签名、数据存储技术四个方面，它构建了网络环境，搭建了交易通道，是基础中的基础，至于你运用它做什么，它没有过问的“权利”。

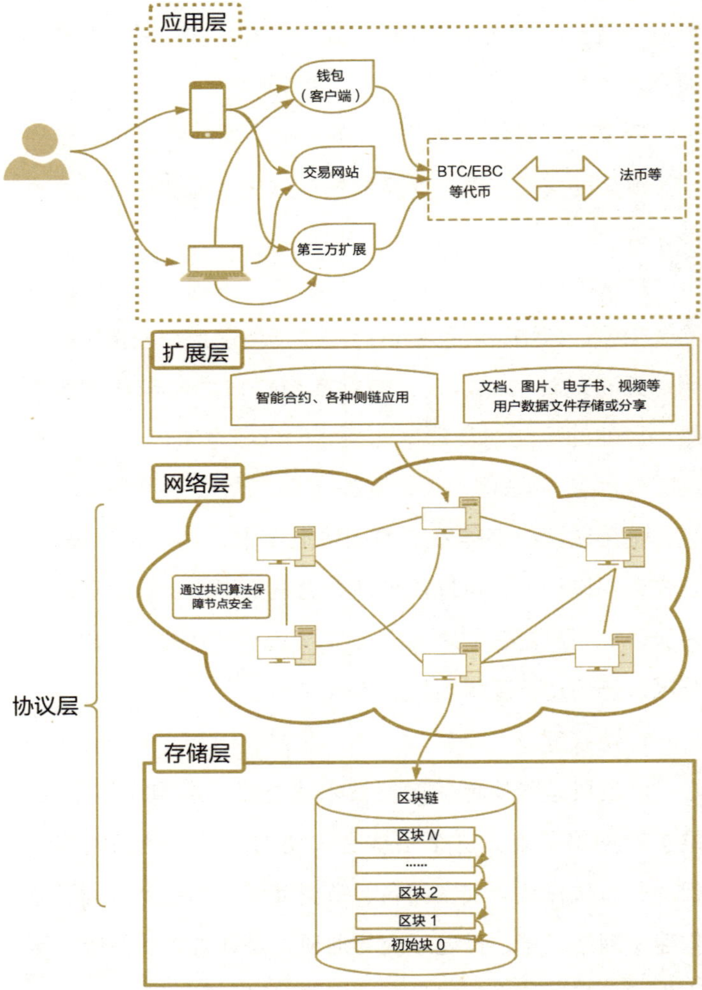

应用层
钱包
（客户端）
交易网站
第三方扩展
BTC/EBC
等代币
法币等
扩展层
智能合约、各种侧链应用
文档、图片、电子书、视频等
用户数据文件存储或分享
网络层
通过共识算法保障节点安全
协议层
存储层
区块链
区块 N
......
区块 2
区块 1
初始块 0

图4-1 区块链架构

2. 扩展层

扩展层类似电脑驱动程序，其作用是“激活”区块链技术，使其更加实用。

目前，扩展层主要针对某个方向的扩展实现，比如侧链的开发，让它可以更好地运用于图片、电子书、视频等的存储或分享。而智能合约是典型的扩展层开发。

扩展层实用技术没有什么限制，非常自由，可以包括分布式存储、物联网、大数据、VR 等。在技术开发上，扩展层大部分时间是与协议层分离的。

扩展层让区块链可以开发各种类型的产品。这让借助区块链确权、征信和追溯的信息变成可能，需要第三方支付的产品可以方便使用区块链技术。

3. 应用层

应用层类似电脑中的软件程序，我们可以直接使用它。

目前大家使用的各类钱包（客户端），是应用层最简单最典型的应用。不过有点可惜，除了钱包外，应用层的应用目前几乎空白，市场亟待出现这样的应用，它可以引爆市场，形成真正的扩张之势，让区块链技术更加普遍地服务于大众，这也是未来通证经济发展的一个重要方向。

限于当前的区块链技术，理想、理性的开发路线是：从协议层出发，把目标指向应用层，同时为第三方开发者提供扩展层的强大支持，这样做既可以避免贪多，又可以避免无法落地。因为纯粹开发协议层或扩展层，无法真正

对大多数非技术类实体企业来说，区块链的应用更多的是在应用层上，至于协议层和拓展层则会有专门的技术服务公司提供解决方案，也许不久会因此诞生新的服务业态。

理解和验证应用层，便会脱离实际，让第三方开发者及用户很难使用或令使用效果大打折扣。但是如果仅仅考虑应用层，目前市面上又很难找到真正牢靠、易用的协议层或扩展层产品。这也让区块链当之无愧地成了通证经济的技术基础。

03

三式记账法：为去中心化而努力

> 不患寡而患不均，不患贫而患不安。
>
> ——《论语·季氏》

从古至今，人类的财富大多掌握在少数人手中，近代人类经济的发展也多以中心化为核心，这加剧了社会的贫富差距。区块链分布式账本的目标，就是让一切公平、公正，且有迹可循。

通过上一节的介绍，我们知道了区块链的基本构架，这一节我们将介绍区块链的“工作原理”：分布式账本。

人类走到今天，关于价值这件事有两种表达方式：一种是现金，另一种是记账。而它们也有着各自的特点。

现金：以实物为载体，无须事前建立信任关系，匿名自由，充分保护隐私，但功能单一。其“死穴”是伪币和劣币。

记账：以信息为载体，不受实物限制，便于管理和控制，功能多元，用途广泛，但需要提前建立信任关系。其“死穴”是中心权威的异化，如腐败。

随着计算机技术的发展，人类走入了“数字账本”时代，但所谓的“数字账本”本质上还是记账，其操作原理是：某机构或企业内部搭建信息化数据中心，提供信息化服务，数字账本作为系统对外提供记账的应用，而系统则采取中心化集中数据库服务器来记录数据。这种操作依旧存在着中心权威异化的“死穴”，一旦数据中心被欺诈、数据被篡改，交易将无法保障，数据安全性风险管控难以实现。同时，重要数据需要备份、恢复，甚至类似银行等重要金融机构需要业务上的连续性，对系统要求逻辑保护、异地容灾[①]，这让这种中心化的数字账本存在成本和效率问题。

分布式账本可以算是数字账本，它可追溯、不可伪

---

① 异地容灾：顾名思义就是在不同的地域，构建一套或者多套相同的应用或者数据库，起到灾难后立刻接管的作用。

造；具有匿名、去中心化的特点。

那么，什么是分布式账本？它是如何实现的呢？

分布式账本是可以在多个节点、不同地理位置、不同机构间进行的一种信息共享技术。在这个网络系统中，每个参与者都可以获得一个真实唯一的账本副本，账本里的任何改动都会在所有的副本中反映出来。

而区块链通过三式记账法，为分布式账本的落地和应用提供了一个典范：

1. 分布式的信息发布与传输

在区块链搭建的系统中，每个参与系统的节点都可以发起信息，并与其他的参与节点进行信息互换，全网公开传递有价值的信息，这一系统是所有成员之间的同步、共享、交易数据库。

2. 分布式记账

每个参与系统的节点只要根据共识机制，完成工作量的设定，便能得到数据库的记账权，且记录可以追溯、查询，但是不可篡改。网络中的参与者根据共识原则来制约和协商对账本记录的更新。没有中间第三方机构的参与。

3. 分布式储存

分布式账本中的每一条记录都有一个时间戳和唯一的密码签名。在上面进行记账后，系统会对每一个记录的信息加上一个时间戳，也就是产生区块数据，它们一经发布，账本便成为网络中所有交易的可审计历史记录。每个节点可以选择储存完整的数据或者是部分数据。而且，每个节点都可以拥有完整的本地数据储存的实时更新。而在这个账本里，存储数据的安全性和准确性是通过使用公钥、私钥以及签名，去控制账本的访问权，进行加密保护，从而实现的。

需要注意的是，不要将分布式账本技术与区块链技术看作“同义词”，作为专业的技术术语，二者是有区别的。分布式账本并不需要区块链的链、工作量证明，它只负责记录，形成“区块内容”，其核心特点在于“分布”，也就是去中心化，而区块链是利用哈希算法链接所有区块，也可以将区块链理解成为一种被链接起来的分布式账本。

其实将分布式账本理解成一种升级化的通证更加合理，而区块链则是实现通证的一种好技术。

04

"三链"中的"军规"

> 丧失未来的幸福，比丧失已有的幸福更痛苦。
>
> ——巴尔扎克

残酷的商战中，把握未来就是抢占成功的先机。每个人也都在思考未来，各持己见。可未来不是毫无征兆的，在现有的基础上，区块链正在为我们揭示未来的模样。

人类发展至今，任何新技术的产生最终的落脚点都是运用。

那么，在知道了区块链的基本架构和核心特点后，怎么运用区块链呢？

目前，区块链的运用主要有两种方式：一种是在公链的基础上搭建联盟链；另一种是在联盟链或私链的基础上建设公链。

伴随着这种运用，公链、私链、联盟链这样的字眼也大量地出现在人们面前，它们是区块链的类型，代表着不同的功能。

公链：任何人都可以运行区块节点，随时进入系统读取数据、发送可确认交易、竞争记账的区块。公链通常被认为是完全去中心化的，具有用户免受开发者影响、所有数据默认公开、访问门槛低的特点。

私链：写入权限归某个组织和机构控制的区块链，不但加入区块链搭建的网络需要获得准入授权，而且系统中全部节点都归单一主体控制。由于参与的节点是有限和可控的，具有保护隐私、交易成本低、交易速度快的特点。

联盟链：由若干个机构共同参与管理的区块链。和私链一样，加入联盟链系统需要获得准入授权，但是系统的多个节点控制在不同的主体机构中，其中的数据只允许系统内不同的机构进行读写和发送交易，并且它们共同记录交易数据。相比于私链，联盟链由于涉及主体机构较多，权限的设计往往更加复杂。

无论是公链、私链还是联盟链，都没有绝对的优势与劣势，往往需要根据不同的应用场景来选择合适的区块链类型，而其应用场景大体可以分为三类：资产层、合约层、组织层，每层之间都有与之相对应的法则，也就是使用区块链的“军规”，如图 4-2 所示。

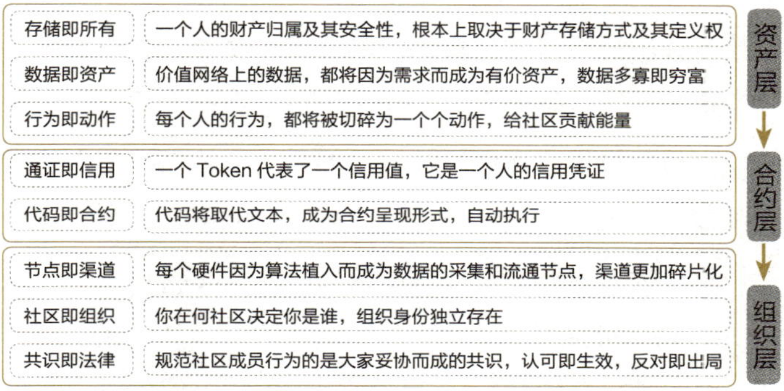

图4-2　区块链“军规”

1. 存储即所有

互联网中海量的用户数据被存储在各种平台的服务器上，但是这些数据的所有权至今仍是谜一样的存在，而那些平台凭借着用户数据资产不断抬高平台价值和收益，作为贡献数据的我们却并未享受到任何的市值红利。但是在区块链搭建的系统中，你的任何一个通证都是你的资产，你所有的数据、隐私都可以受到保护，你甚至可以终身拥有并获得收益。

2. 数据即资产

区块链搭建的系统中的每一个数据都因需求而存在，更可以被交易，因而被定义为“资产”。数据的多寡也决定了一个人或一个组织在这个系统中的穷富。

3. 行为即动作

人的行为本身就是能量的一种释放，但是以往的工具和技术并不能将这种能量很好地量化和储存，发挥出应有的价值，而区块链的出现，让人的每一个行为成为可测量的能量转化过程。在区块链搭建的系统中，每一个人的行为都被定义为一个个动作，给社区贡献能量，并有具体的工作量指标，源源不断地给社区生态提供能源。

4. 通证即信用

通证是权益证明，一个通证代表了一个信用值，它是一个人的信用凭证。

5. 代码即合约

在区块链搭建的系统中，代码取代现实世界的合约文本，成为我们交易合约的新形式，并可自动执行。

6. 节点即渠道

未来，随着大数据技术的发展，每个硬件、每个人、每个物都会成为数据的采集点和流通点，渠道也将充分碎片化，演化成一个个节点，这就是物联网之于区块链的意义。比如，当下如火如荼的溯源技术，就是赋予商品节点价值，从而可以很好地追溯用户的行为轨迹。

7. 社区即组织

网络社区为区块链发展提供活力，在不久之后，基于区块链技术的社区型商业组织可能会不断涌现。通证经济会将商业组织的权益性资产分割和流通，通证将渗入以股权为所有权的公司壁垒边界，未来，股份制公司形式也许会变成被全社会持股的社区型商业组织。

8. 共识即法律

区块链搭建的系统依靠一套标准化的共识机制运行，并依靠底层协议赋予其完全的去信任化的理性决策，社区成员认可即生效，不认可就出局，遵守就奖励，违规就惩罚。所以系统的运行优劣将取决于共识的优劣和执行效率。

随着世界的发展，区块链的应用场景的需求更为复杂，技术也可能随之变得越来越复杂，也许今天的“军规”会延伸出更多。但是其本质都是为了让区块链技术更加先进和规范，让其运用更加广泛和灵活。

未来，区块链技术可能会改变基于互联网的企业、生态、产业链。

【通经纬 · 证明悟】

区块链是通证经济的“技术基因”，对其的挖掘、研究，可让我们深入地理解通证经济的技术特征和应用前景。

那么，通过这一章的技术分析，你要思考：

哪些是我所不知道的“真相”？

对我最大的启示是什么？

我准备如何进行技术落地？

CHAPTER 5 | 第五章

通证模型
——开启新“芯”经济体系

通证经济蕴含了巨大的创新空间，其所带来的创新机遇、掀起的创新浪潮，将会远远超乎人的想象，而变革挑战才刚刚在通证经济模型的建设中拉开序幕。

RECONSTRUCTING THE ECOSYSTEM OF THE TOKENOMIC

01

正在崛起的通证模型

知人者智，自知者明。胜人者有力，自胜者强。

——《道德经》

能了解他人的人聪明，能了解自己的人明智。能战胜别人的人是有力量的，能战胜自己的人更加强大而不可战胜。通证经济领域亦是如此。

当今人类经济体系究竟是一个怎样的经济体系呢？对这个问题，我们可能没有一个统一的和显而易见的答案，但是却可以清晰地看到人类经济体系的显著特征：

第一，贸易、科技、货币、金融、资源配置和产业分工日益国际化，人们正在创造一个真正的全球经济体系；

第二，区块链、大数据、物联网，已经将互联网经济做了数字化的深化，人类可以突破时空的限制，依靠“数字”相互联系、流通、交易，未来可能会有突破国界的经济体系。

全球化和数字化是当今人类经济体系的一个基本现实，不论你是欢喜还是忧愁，是拥抱还是逃避，都无法摆脱，它们也正在深刻地影响着今天人类的经济行为。

不同的经济体系，会深刻地影响人们的创业方式、商业运行方式，而在任何一个经济体系中，对创业者来说最重要的事情就是其经济系统的设计。每个经济体系也都有着自身经典的经济系统，如全球经济体系中的海外投资并购机制等。同样，正在崛起的数字经济体系也有着自身的经典经济系统——通证经济系统。

通证经济系统，也叫通证模型，要解决的问题是如何让一群自由的个体通过区块链技术实现彼此之间的相互协作与交易，创建可持续繁荣的经济系统，不断地为系统内的个人、企业、组织和机构创造价值。

然而，通证模型尚处于起步阶段，很多人在跃跃欲试的同时，很容易掉进八个常见陷阱。

第一，坐庄陷阱，没有实质业务，以依靠发币上位坐庄，利用市场操作盈利，也就是前文说的 ICO。

第二，舞弊陷阱，在关键的博弈点上开“后门”，使得一方可以作弊获利。

第三，奇点陷阱，存在价值奇点，存在某个角色通证只入不出，或只出不入。

第四，黑箱陷阱，存在中心化黑箱，重要决策不透明。

第五，软顶陷阱，价值直接或间接受限于某个“顶”。

第六，索马里陷阱，权利碎片化、板块化，多中心之间互相混战。

第七，乌托邦陷阱，无治理、无协商、无争议解决机制。

第八，复杂度陷阱，规则太复杂，技术实现有难度，用户理解有难度。

在我国，北宋、南宋、元、明时期，朝廷都曾发行过纸币（交子、钞），但是运行一段时间后均告失败，一个重要的原因就是发行纸币的中央政府只出不进，这就是奇点陷阱。

因此，数字经济体系中的通证模型建设大有乾坤，我们在进行设计之前必须思考三个问题，明确体系设计三要素，如图 5-1 所示。

流通的价值（Why）	· 流通是否创造新的价值，例如：不良资产 · 流通创造价值的来源：需求发现还是成本降低
为谁创造价值（Who）	· 商家的利益 · 消费者的利益 · 中介的利益
流通的边界（Where）	· 边界内流通与跨边界流通的差异 · 跨边界流通与边界延伸的差异 · 跨边界流通与现行资产确权制度的关系

图5-1　通证经济体系设计三要素（3W）

1. Why——为什么要设计通证化

也许可用来通证的东西太多了，如存款、积分、房产、信用……但是当你设计这个通证模型的时候，一定要先明确体系内通证价值的来源是什么？

想要回答这个问题有两个思考维度：

流通是否创造新的价值，也就是所要通证化的东西是否满足交易的条件？

流通创造价值的来源？是需求发现还是成本降低？

通证是价值的载体，并通过流通创造更高的价值。

针对这个问题，如果我们设计的通证有利于市场主体在经济活动中发现需求或者降低成本，就可以进行通证化。

2. Who——为谁创造价值

通证模型中会涉及很多角色，包括商家、用户、中介等。但是有的时候通证系统并不能满足所有人的利益。

比如，会员积分，让消费者实现积分互换，消费者自然高兴，但商家可能就不同意了，因为对于它们来说，积分就是它们对用户的负债，积分消失了才好。如果积分能在系统中广泛流动，最终便会不断汇聚到需要积分的消费者手中，商家就必须为积分兑换付出更多的成本。

因此，设计通证模型时，一定要权衡、协调各方的权益，在此基础上建立共识机制。

3. Where——流通的边界在哪里

区块链技术可以让通证突破现有边界，但你的通证有没有跨边界的需求？

虽然通证的跨界能力越强其价值越大，但是不同属性的通证之间兑换模型存在着技术的不确定性，甚至会因环境发生变化而无法形成兑换关系，如此一来跨界便没有意义。

总之，如何确定流动的边界，对通证模型的设计有很大的影响。

除了以上三要素这个大前提以外，想要做好通证模型设计，还需要思考一系列细节问题：

通证按照什么原则进行流动?

如何进行二次分配?

如何让通证更多地流向做好事的用户，而抽离作恶的用户?

如何去评判一个通证模型的优劣?

……

在下面的章节中笔者也会一一为大家解答。

通证经济的目标是打造一个与互联网平行、全新形态的经济体系。

02

分配及激励机制设计

劳动而得的工钱，是对勤勉的一种奖励，勤勉就像人类的其他资质，因奖励而有成正比的进步。

——亚当·斯密《国富论》

合理的收入分配制度是社会公平的重要体现，也是激发个人创造潜力的动力。我们必须把分好蛋糕与做大蛋糕放在同等重要位置，设计更为合理的分配和激励机制。

在通证经济系统中，谁的贡献越大，谁得到的通证便越多；用户协作得越好，通证的价值就越高。同时，系统也依赖这样的分配和激励机制来“惩恶扬善”，让“好人有好报”。

因此，想要设计好通证模型，必然绕不过分配机制及激励机制的设计，它们是整个通证系统生态的根本制度建设。

而关于通证模型中分配机制的建设，典型的通证派代表人物孟岩提出重要的四次分配理论：零次分配、一次分配、二次分配和三次分配。

零次分配，是指通证应当如何创造，创造之后按什么原则分配给最初的持有者。

一次分配，是指在通证的使用和交换场景下，按照什么原则分配。

二次分配，是指若经济体内存在治理机构，该治理机构以何种方式获取和管理多大规模的资产，按照什么原则、以什么方式分配和回购资产，该治理机构如何运作、如何解决争议。

三次分配，是指个人应当按照怎样的道德原则、以什么方式进行捐赠、馈赠和打赏。

关于分配制度建设，孟岩的理论给了我们一个思考、建设方向。

那么，答案如何呢？下面笔者将在其分配理论基础上，结合多个维度，对通证分配制度的建设做具体阐述。

1. 零次分配

通证的零次分配就是将通证分配给最初的用户，需要根据对项目有促进作用的人和团队来设计相应的分配比例。

一般来说零次分配的时候，很多项目方都会给自身团队“预留”一定量的通证，需要注意的是，预留量一定要合理，警惕奇点陷阱和黑箱陷阱。

2. 一次分配

一次分配是指通证在正常的市场交易中自发形成的分配，一般用户通过提供信用等自发的一些行为获取通证。

一次分配一般是以忠诚度证明和工作量证明来完成的。

忠诚度证明，指用户长期持有通证后能够获取一定的权益，从而刺激用户的积极性，获取其对通证的忠诚度。

工作量证明，指如果用户通过自己的行为达到了一个满足“贡献”的结果，系统便可授予用户记账权，给出一个“证明”。在通证系统中，用户获得记账权的概率取决于他的工作量占全网的比例，比如占比 20%，那么获得记账权的概率便是 20%。

3. 二次分配

我们可以把二次分配理解为对通证模型的宏观调控，其主要有两个“动作”：抑制单向流动和抑制恶性冲击。

单向流动，通证集中度持续攀升、传销式泡沫、挤兑等，它们对市场形成操控，会严重影响通证市场稳定性。

恶性冲击，如黑客攻击、系统崩盘、乌龙指等。

4. 三次分配

三次分配是通证持有者自己通过捐赠、赠送的形式形成的分配。

通证的分配和激励，也许粗看是一种“技术活”，其实本质是形成一种共识的过程，背后隐藏的是通证系统中的价值观。

如今，多个通证系统互相竞争的局面正在形成，就看谁的价值观能够更好地更广泛地让人们达成共识，其中必然也会有能够代表整个社会的通用价值观，这很重要。

所以，请大家注意，不要太理想化，分配机制和奖励机制很容易“腐化”，并不能永远正确、一劳永逸，就像人难免会犯错一样。而我们要做的是时时警醒，不断验证、完善，并寻求一条可持续的发展道路。

03

加持生态成长能力

> 创新有时需要离开常走的大道，潜入森林，你就肯定会发现前所未见的东西。
>
> ——贝尔

通证的意义远不止为商业所铺就的“技术之路”，其自身便可形成一个犹如森林一样完整的商业生态。跳出固有的局限认识，学会用生态角度审视整片“通证森林”，你便会发现一个奇异的、了不起的通证世界。

生态，也许是一个被滥用的词，但是我们却无法否认其形象性和内在的逻辑性，它往往代表着一个组织、一个小环境的发展机制，以及其中各类角色的关系和成长逻辑。也难怪，这个词会一直被欣赏、使用。

很多人只是站在技术和应用层面来看待通证模型，其实它更像一个天然的生态型组织，一个具备多角色的完整系统，运用自身的机制，协调维系着处于系统的各类角色的关系、利益、协作和成长。

根据目前的区块链的应用，可以将建立在区块链技术上的通证模型分为三类生态组织。

第一，底层技术生态，即专注建设、完善技术，是很多公有链都在做的事，有了成熟的技术基础，通证模型的运用才能被更广泛地普及。

第二，中层商业生态，即将通证模型落地，服务于商业的某个环节或整个商业运营，改变传统商业的某些行为。

第三，社群垂直生态，即通证模型主要运用于社群运营。通证是社群商业的链接器和润滑剂，可以有效解决某些因传统社群运转缺少相应机制而产生的问题。未来这将是通证模型非常重要的一个发展方向。

关于通证模型建设，我们必须跳出单纯的技术视角，用发展的眼光整体去看待整个模型的发展动力，也就是为其加持生态成长能力，让其具有强大的生命力。通过对其他商业生态系统的研究，我们会发现想要形成一个生态必然历经三部曲：链、平台和生态。这对通证模型生态生长能力的加持有很好的借鉴作用。

不管是区块链还是通证，很多人的关注重点可能都在技术发展上，很少有人会站在一个生态的角度去思考系统的长效发展。这一节的分析对我们来说可谓是“锦上添花”。

1. 增强链的完善度

一般生态型组织最先形成的是链，在生态型组织的初创期，它好比整个生态的土壤。

从组织形态管理学来看，生态型组织具有三大典型特征：流程型结构、流程管理机制与角色管理基础，这是生态型组织顺利运行的基础，而其实现的技术基础便是链，在通证模型上的体现就是机制建设。

机制建设在整个通证生态中，是实现流程再造与产业再造的第一步，也是形成链必不可少的环节，还是一个技术含量非常高的环节，至于如何建设前文已做了详细介绍，这里笔者想强调一点：是否能够实现流畅的闭环发展，是评判链建设优劣的关键。

2. 落实平台的作用

许多有序、高效运行的链会组成平台，此时是迈向生态型组织的高速发展期，好比土壤经过不断发酵、增肥，成为生物生长的温床。链的价值交换越频繁，成就的平台功能就越稳定，竞争力也就越强。

因此，搭建好通证模型后，用户对其的使用频次将成为一个非常重要的考核指标，能够直观地体现通证的流通价值，也就是平台价值。

3. 激发生态的新陈代谢

一旦通证模型成为平台，具备新陈代谢，就会形成生态，依附在生态上的“生物”便能够“自由”生长，甚至“野蛮”生长，至此一个完整的通证模型便形成了。

生态有三个标准：高度灵活、新陈代谢、自我更新。与平台相比，生态的自我繁殖、自我发展、自我修复的特征更加突出，此时通证模型成熟，通证也会被频繁交易，整个系统更具有开放性。

总之，生态之于通证模型的意义在于“全生命周期陪伴用户的成功”，这会让我们在设计通证模型时不自觉地进行角色转换，从“售卖”系统的“软件商”，变成真正与系统用户利益相关的合作伙伴，而这一点至关重要，往往也能赋予通证模型顽强的生命力，使其长远发展。

04

通证经济模型评判

越是错综复杂的问题，就越要根据简单的原理和朴素的思想进行判断和行动。

——稻盛和夫《活法》

事物发展都有一定的周期，也必将经历曲折、动荡、大浪淘沙的过程，更何况是通证这样的全新事物。其尚处于发展初期，且无完美的可借鉴之地。我们要做的便是依照简单的原则和朴素的商业观念，谋求长远发展之路。

世间任何事物都是矛盾的，此起彼伏，此消彼长，而矛盾又是对立统一的，所以发展过程不是直线式的，那些代表着事物发展方向、具有强大生命力的新事物更是如此，呈现出一种螺旋式上升的发展过程。而这个过程也是优胜劣汰的过程。

通证模型正在经历着优胜劣汰的市场检验，自身也在不断地发展。然而，你如何保证所设计的通证模型具有生命力？如何去评判一个通证模型是真正具备价值的呢？有人提出了七大原则，以保证通证模型的价值：

真实增长原则，不是任何意义上的“庞氏计划”，而是系统必须能够创造真实的价值。

原点价值原则，最小网络有原点价值，通证在最小网络下有基本价值。

网络价值原则，随着网络规模增大，价值指数增长。

价值回路原则，每一个角色都处于价值回路之中，不存在奇点。

协议原则，良好的系统依靠协议行为和经济激励，而不是依靠冗长的流程和强制执行。

透明原则，系统可以有中心化设计，但应该尽可能地消除黑箱。

正义原则，惩恶扬善，而不是纵容作弊和腐败。

确实，好的通证模型设计有共同的原则和特点，而这些原则既是在设计之初所要熟稔的“基本准则”，也是在设计之后可对通证进行检验的“条例”。

其实，笔者认为对所有通证模型设计者来说最重要的原则就是系统永远没有最终形态，我们能做的只有持续试错迭代，而不是把代码写死，拥有这个认知前提才能及时对出现的问题进行调整，才能找到系统的优化解决方案。

大多数人在面对通证模型的时候，最多的身份可能是投资者和使用者，只有有价值的通证才具有长期投资的价值，因此只需考虑以下两方面的问题。

1. 这个通证模型是否能够健康增长

判断一个通证模型是否能够健康增长，有两个核心的关键：通证本身的价值和提高生产率。这里重点说说提高生产率。

从区块链本身的特点来看它是通过更大、更自由的市场范围内优化、配置资源，降低交易摩擦，促进更为精细的分工协作，从而将生产率提升到一个新的水平上。通证模型运用区块链技术，便是借助这样的特点，促进通证经济体系不断繁荣增长。

因此，考察一个通证模型是否具备价值，要看其整体的运转流畅度，大家可以结合上文中的七大原则，综合考察整个模型结构的合理性、制度的合理性，以及交易量、市场规模、市场影响力等。

2. 经济增长与公平是否是一致的

财富的公平分配对每一位投资者和使用者来说是非常重要的，与自身利益息息相关。因此在决定加入一个通证系统时，一定要注意系统白皮书中整个财富的分配规划，当系统真正运作起来时，财富的分配是否与设计初衷相吻合，是否存在黑箱、奇点。

上述评判标准并不全面，目前市场上也没有完美的通证模型，但是还是有高下之分，好的通证模型会越来越好。未来，通证经济业中的应用也会不断地发展，甚至产生新的颠覆性模型，继续冲击、促进着经济的新一轮发展，在不同的商业场景被越来越多地运用。

【通经纬·证明悟】

通证模型的建立是发展通证经济的核心，是整个价值的承载系统。

那么，通过这一章的讲述，问问自己：

我是否已经明白通证模型建设的要义？

通证模型机制如何设定？

如何去评判自己的通证模型？

如何让通证模型长效、长远发展？

CHAPTER 6 | 第六章

应用模式
——跳出桎梏

我们已经轰轰烈烈地进入了以"通证 + 落地应用"为主的 3.0 时代。在这个时代，通证经济将在各个商业环节、落地场景中大展身手。

RECONSTRUCTING THE ECOSYSTEM OF THE TOKENOMIC

01 工作量通证：用户创造区块和价值

野驴有草岂能叫唤，牛有料，岂能吼叫。

——《旧约》

不管是动物还是人，满足了，就安定下来。如何满足？最好的方法莫过于使其价值得到认可，获得回报。

如何证明一个人的价值？这要看他做了多少事。

那么，如何证明一个人做了多少事？在未有工作量证明之前，可能由工作总结、个人计划来衡量，但是，它们主观性太强，其可信度便大打折扣，监测工作过程通常也不高效，有时甚至无法监测。

但是区块链带来了一个新的方式——工作量证明。

工作量证明系统，或者说协议、函数，是一种应对拒绝服务攻击和其他服务滥用的经济对策，这个概念由 Cynthia Dwork 和 Moni Naor 于 1993 年在学术论文中首次提出。而工作量证明（POW）这个名词，则是在 1999 年 Markus Jakobsson 和 Ari Juels 的文章中才被真正提出，最早被运用于比特币，即用户用个人计算机下载软件然后运行特定算法，提供个人工作量证明，以便获取相应的回报。但是 POW 的缺点是需要大量的算力，所以区块链又衍生出了新的共识算法，如权益机制 POS、授权机制 DPOS、投票选举 PBFT 等。

POW：工作量证明机制，可以理解为按劳分配，你付出多少工作量，就会获得多少报酬。优点是去中心化、公正公平，缺点是需要大量的算力。

POS：将分配比例直接写进区块，是一个根据用户持有通证的多少和时间，发放奖励的制度。优点是节能、去中心化、避免紧缩，缺点是信用基础不够牢固。

DPOS：POS 的升级版，每个节点都可以参与创建区块，并按照个人所持通证的比例获得收益。优点是更节能、更加去中心化、确认速度更快，缺点是用户行使权利需要时间、精力以及技能，所以积极性并不高涨，且对各节点的处理存在诸多困难。

PBFT：一种副本复制算法，主要解决恶意攻击和软件错误导致失效的节点产生任意行为的问题，即服务作为状态机进行建模，状态机在分布式系统的不同节点进行副本复制。每个状态机的副本都保存了服务的状态，同时也实现了服务的操作，优点是更安全可靠，缺点是技术性强，运作复杂，很难理解。

以上四类是目前较常见的共识算法，各有优劣，当然还有其他的算法，具体可以根据自身通证模型的应用场景选择相应的共识机制算法。正是基于这种演进，使得工作量证明有了狭义与广义之分。

狭义工作量证明，就是比特币所采用的 POW；

广义工作量证明，包含各种可提供工作量证明的共识算法。

目前，我们所说的工作量证明是广义的，其本质是将用户所生产的内容直接写进区块，创造内容就是在创造区块。

举个例子，目前最为大家所熟知和接受的是通证在媒体行业的运用。

2018 年，媒体通过通证去激励用户生产内容，在这个系统中，用户创作的文章被直接写进区块，且每篇文章的点击、收藏、评论、点赞都是有价值的，都会得到奖励，每一个用户的贡献都会被记录并有反馈。在这个系统中你也可以轻而易举地查阅一个人的文章发布量、点赞量等，从而很快评估出这个人的原创能力及受欢迎程度。而这一举措，很好地解决了以往维权成本高、侵权者难以追溯等问题，也真正保障了原创人内容及本人的价值。

因此，将一个人所做之事直接作为区块内容，用工作量证明其贡献价值，在发明创造、原创设计等领域的运用，将有重大的意义。

1. 解决创作者的痛点和难点

加密技术保证了版权的唯一性，时间戳技术保证了版权归属方，版权主可以方便快捷地完成确权这一流程，解决了传统机制低效的问题。同时，版权归属和交易环节清晰且容易追溯，版权方能在第一时间确权或找到侵权主体，为维权阶段举证。

2. 保障创作者的收益

在通证系统中，所有的创作内容都将成为区块链内容；行为即收益，内容不论是被转发、被点赞，还是被收藏，创作者都可以获得奖励，能够很好地保障创作者的收益，赋予其成就感。

3. 让学习变成一种生产力

这确实是通证了不起的能力之一。

借助通证系统，平台能够将用户对平台或社区的共享量化并自动结算，给予相应的奖励，实现用户与创作者共享平台价值的增值，并能够促进用户积极参与平台活动，更为主动自觉地去学习内容、使用内容。

虽然，目前这类通证的应用只出现在了媒体行业，但是工作量证明这种先进机制会让它不断地升级，以期能够在更多的行业和领域发挥作用。

02

所有权通证：真正实现流通收益

> 夫所谓“通”者，“往来”之谓也。若止有来而无往，则彼通而我塞矣。“商”者，“交易”之谓也。若既出赢而入绌，则彼受商益而我受商损矣。
>
> ——郑观应《盛世危言》

贸易的核心在于流通，只是一直以来人类所流通之物有诸多限制，人类也并未对资源充分挖掘、利用。但是通证经济能将一切赋予权益证明，并数字化流通。

从古至今，人类一切经济现象、管理现象都是以所有权的形式相互交往的。这是一个不争的事实。

为此经济学中诞生了一个很重要的分支——所有权经

济，也称产权经济，并产生了不同的流派，将所有权从最初简单的“物权”逐步升级为一个制度体系：

新制度经济学的代表人物道格拉斯·诺斯、R. 科斯等人所讲的所有权，并不仅仅局限在不同意义上的归属和占有关系，而是一个体系，是在归属、占有基础上产生的与之相关的一切法律、规定、惯性和条例，总之，是一个以所有权为核心的制度体系。这样的制度体系形成和发展的过程，就是人类经济增长的过程。

这样的理论发展无疑是伟大的，它不仅揭示了所有权是一种实质保护，是对真正的权利人的保护，其基本权能是占有、使用、收益、处分，并且将这项权利置于一个制度体系中研究，将所有权上升为产权，让所有权经济更加完善。

然而，现实有些“不幸”，目前现有的经济制度体系并没有充分发挥所有权经济潜能，很多人手握着很多的所有权也未能完全实现经济效益的快速转化。更多的产权不过还在“沉睡”。可今天我们又是幸运的，因为所有权通证来了。

举个简单的例子。

你在一家众筹网站上买了一个空气净化器，对方承诺两个月后寄给你，此时，你已经拥有了这个空气净化器的所有权。但是连续两个月都没有雾霾天气，你有点儿后悔买了这个空气净化器。如果两个月后，你真的收到了这个空气净化器，你计划把它放进二手市场，以很低的价格转卖出去。于是，你就会想如果能在未收到这个空气净化器前，就将其转让出去，那它就是新品转让，而不是二手转让，自己就不会损失太大。

所有权通证就能很好地解决这个问题。

技术开发人员或项目开发商，针对空气净化器专门设计有一套通证模型，建设一个空气净化器二级市场，众筹网站或者你自己，只要把拥有的净化器凭证放到市场上并进行确权，就可以实时在这个类似跳蚤市场的二级市场对空气净化器的通证进行交易。

所以说，当所有权与通证结合的时候，能够产生一种突破边界的“所有物”，通证的核心作用就在于流通，由此可以创造出无限的可能性。

从这个案例中，我们可以总结出所有权通证的两个核心要点。

1. 通证化所有权类型的选择

由于通证经济刚刚起步，其技术、机制还有很大的完善空间，加之并非所有的所有权都具有很高的经济价值，实行所有权通证时难免会有些“势利”，贵重物品、大宗商品等无疑会是所有权通证青睐的通证化对象，如黄金、房产、股票、债券等。目前市场上出现的证券型通证就是最好的例证。

但是未来随着通证经济的发展，基于一般商品的期货通证也会崛起。

关于这一点，也许可以用诺斯的一句话作为总结："除非现行的经济组织是有效率的，否则经济增长不会简单地发生。"

2. 通证化的主要目的是建立二级市场需求

所有权想要实现流通和收益，很大程度上依赖于二级市场。

关于二级市场，曾有一个非常著名的例子。中国香港曾对楼盘专门设计了一个二级交易市场。如果你的楼盘是两年后交付，你就可以在这个二级市场转让楼盘的所有权。

实际上，各式各样的物品、资产都有这种二级市场的需求。但是在传统的商业体系下二级市场很难建立，因为建立这样的二级市场，需要较大的成本投入，客观来说也并不是商品生产者或者商品服务提供者的义务。

因此，所有权通证的主要目的是突破传统，挖掘二级所有权的二级市场需求，建立或拓展一个相对完善的二级市场形态。而通证经济也有这个能力。

通证模型的建立，重新赋予了这些物品、资产"二次流通价值"，它以共识机制及智能合约等特性，建设了一种去中心化的自我运行的二级市场，极大地降低了这种二级市场的建设成本、管理成本和流通成本，得以让所有权更好地通证化流通、交易、收益。

这里需要注意一点，如果每个人都发等价证券，会把未来直接透支，这样会造成社会管理秩序的混乱，也是我国法律所不允许的，监管势在必行。

通证本身就是权益的证明，它能令我们任何的所有权数字化上链，很好地借助区块链技术实现流通和交易，其通证模型的制度建设本身就是一套完整的制度体系的建设，能够一定限度克服传统制度体系中交易烦琐、流通性差、存在欺诈侵害、收益差等弱点。

03

分红权通证：激励不再是一纸空谈

以德就列，以官服事，以劳殿赏，量功而分禄。

——《墨子·尚贤》

对人才的任用应以品德、才能作为标准，从而分配相应的职位，对于工作出色者应给予奖赏和提升。古人对人才的激励措施仍值得我们借鉴。而通证经济则是在一个生态系统中自发、公正地完成这样的人才激励，并契合着古人的用人智慧。

当今企业面对全球化竞争，为了留住核心技术和关键管理人才，往往需要人才激励机制，其中分红激励是最为常用的，这也是目前职场中常见的一种权益方式。

可是这样的分红权与股份分红却有着本质的区别：

第一，它是一种“类奖金”的激励方式，只涉及“钱”，并不涉及“股”（不持股）和“权”（无表决权）。

第二，它是一种“追求利润”的激励方式，有利润才会有分红。

第三，相比于期股、期权、业绩股票等，它是一种较为低阶的方式，并没有任何实质的保障。

第四，它是一种“增量利益”的激励方式，不会分去股东已有的“存量利益”，目标指向的是未来利润。

其实这样的分红激励并无新意，常用的方式无非就是岗位分红和项目收益分红两种，本质是企业股东在已经下达给被激励人员的工资总额额度外新增的一块与企业实现税后利润挂钩或与项目收益挂钩的激励额度。虽然出发点很好，有助于企业挽留人才，让员工增加收益，但是对于员工个人而言却并没有太大的吸引力。

第一，不涉及“股”和“权”，本质上员工打工者的身份并没有转变，并不会真正意义上忠于企业、为企业做贡献。

第二，一切以利润为结果，避免了企业给员工“画大饼”的嫌疑。

第三，分红的“最终解释权”归企业所有，且企业可根据自身情况“随意”调整。

第四，往往季度或年底才实现分红，分红权在日常的作用并不明显，员工无法切实感受到这项权益带来的好处。

也正因如此，对很多人和企业来说，分红权往往流于形式，并没有激发出它真正的作用。然而，分红权通证的出现，让我们看到了一种全新的分红方式。

有一点要注意，分红权通证与目前很火的分红币有本质区别，不可混为一谈。

分红权通证把公司的股权、期权、公司利润、公司项目等各种权益在一个去中心化的通证模型中管理起来，建立一个完整的数字化激励管理系统，在系统中持有通证的人享有分红权。分红权通证具有三大优势：

1. 突破现有激励边界

由于将公司的股权、期权，乃至分红权本身通证化，任何人只要持有通证就可以享受分红权，打破激励机制的单一性，一方面给予被激励者实实在在的保障，另一方面也是对公司现有资源、资产的二次开发，能够面向更多的人和社群。

2. 更具信服力

通证模型依靠共识机制、智能合约自行运作，透明公开，被激励者可适时查阅自己的分红动态，并通过整个系统中的流通、交易，实时实现收益，时刻掌握分红额度，更具信服力。

3. 更具黏性

在分红权通证模型中，持有通证的员工不仅仅是打工者，更是整个通证生态的协作者，且其分布式、不可篡改等特点，一方面可以很好地保护员工的权益，另一方面可令他们摆脱时空限制，与公司利益牢牢捆绑在一起，即便离开了公司，仍然可以选择持有通证保持收益。整个系统也能够构建一个良性循环并且驱动每个参与者持续贡献自身能力。

分红权通证本质上是一种激励机制的变革，也适用于积分激励、股权众筹等。

当然，以目前通证经济的发展程度，还不足以达到这样的分红权通证模型建设，市场上更多的也只是分红币这种只具备投机性质的分红权通证模型，但是笔者相信，随着通证经济的不断发展、落地，它将在人才激励方面发挥重大的变革作用，让现有的企业激励制度更加多元化地变革，更具黏性地得到发展和运用。

04

消费权通证：消费行为资本化操作

上下同欲者胜。

——《孙子兵法·谋攻篇》

经商就是打仗，而你的军队、同盟，除了员工、合作者以外，还有消费者。消费者会是一支有着无限潜力的生力军，你要做的便是想尽办法让其与你风雨同舟。

消费市场就是一个庞大的“金矿”，生命不息消费不止。世界上最大的财富也正隐藏在消费的过程中。

遗憾的是，消费者自身很难参与利润的分配，因此，北大教授陈瑜提出“消费资本化理论”，他表示：

消费者在购买企业的商品之后，企业应把消费者的消费视同对企业的投资，并按一定的时间间隔，把该企业的利润按一定比例返还给消费者。这意味着，消费者在消费的同时，实际成为一个投资者，而消费则质变为资本。

不少商家已经尝试利用消费积分兑换、消费返现等手段试图不断地告诉消费者“消费就是投资”，由于缺少落地机制，这些行为更多时候不过是单纯营销层面的“小打小闹”，并没有贯穿到商品整个的生产、消费环节，让消费者真正享受到消费产品带来的收益，甚至出现以消费返现为名义的“庞氏骗局”，不过是一场“伪资本化”，必然无法真正吸引精明的消费者。

消费等于投资的理论早已不新鲜，然而落地的却非常少，消费权通证在这一点上的作用确实了不起，且形式、方式多样。

通证经济的出现，使得企业可以将消费者的消费行为通证化发展，构建消费权通证：即实体企业可运用区块链技术，根据用户的消费行为及消费价值，向用户发放消费权通证，消费权可以作为一种价值的储存手段，其价值来源于企业产品的使用价值和盈利价值。

区别于传统消费返利，消费权通证基于区块链技术而产生，继承了去中心化的高度信任体系和高度流通体系，加上承载了实体经济的增值凝结，使得用户对消费权通证的认可度、渴求度大大提升。其核心要点是建立一套促进供给、能在价值体系内循环、从产品端到消费端的螺旋式增长的消费机制。

1. 建立交易机制

持有消费权通证者可以在消费权通证系统中凭借交易获得相关的权益。

2. 消费行为资产化

消费行为资产化，就是进入核心的通证分配环节，其重点是依据消费行为分配通证，需要划分归类来定义通证持有者获取通证的难易和多少，从而建立起一个完善的可进阶、可促进的消费体系。

比如，直接购买产品或服务，购买者享有最高通证奖励；维护全域体系的论坛、微信群等享有二等通证奖励；将产品和服务进行推广宣传，有人点赞或再次转发，转发者可得到二等通证奖励；为产品和服务提供信用，参与仲裁投票可获得三等通证奖励。

当然，以上只是一个例子，具体的分配比例还需要大家根据自身及消费者消费特点，具体定制。这里笔者提醒一点，一定要区分哪些是能够提供市场循环流通性的行为，可以对这样的行为分配额外的通证。

3. 通证即权利

在完成了通证的分配后，通证持有者就可以依据手中的通证享有“权利”。

一般来说，为与分配体系呼应，这个权利有基础版和进阶版两种。

基础版，就是获取物权和使用权。比如产品发布后，可消耗通证对商品信息进行修改。

进阶版，就是可以获得占有注意力权，比如发布产品广告；好评差评权，比如总消费次数达标后，可以得到差评通证；仲裁权，比如投票决定正义结果等。大家可以按照自己的定义，来设计高阶权利，而高阶权利需要运用智能合约来实现。实行中要注意对参与者应有权益的保护。

消费权通证权利机制的建立可以看成是消费资产化的一个外延，并非必需，它的目的只有一个，那就是更好地促进产品流通、消费。

总之，消费权通证是通过消费行为资产价值化对产品开发的促进、深度的认同和持久的消费，再挂钩供给和激励，能帮助企业体系内的消费价值更好地循环。所以要放下过去的束缚，从经济学根本着手，利用供给双方的激励和促进去做更多的尝试和研究。

05

经营权通证：更加有理有据

用人之术，任之必专，信之必笃，然后能尽其材，而可共成事。

——欧阳修《为君难论上》

用人不疑，疑人不用，可是往往不仅人心隔肚皮，能力也隔着肚皮，如何打破用人者与经营者之间的这种隔阂？经营权通证的优越特性能够真正实现“任之必专，信之必笃”。

经营活动是商业中必不可少的一个环节，而它所对应的权利是经营权。

前文说了所有权包括占有、处分、使用、收益的权利，经营权只是所有权的部分权利，可能具有占有、使用、收益的全部权利或者部分权利。

一般情况下，所有权和经营权是分离的，比如很多公司都是经营权和所有权分离，越大的公司二者越是分离，董事长代表股东，是公司所有人，CEO 负责运营，具有经营权。这种分离也有着必要性和重要性。

必要性：有钱有资源的人不一定有经营能力，有经营能力的人不一定有钱有资源，两者结合才是双赢。

重要性：懂经营管理的人，可为企业规划方向、确定必要的经营流程和秩序、组建团队、增强凝聚力等，他们不是为某个人更不是为自己服务，而是为整个企业贡献力量。

当然这个模式既有优点，也有缺点，比如，所有者与经营者之间存在信任问题；CEO 扶植自己的团队，离职可能会带走所有的团队成员；未明确经营期间产生的费用及盈亏谁负责等。

而经营权通证能够有效解决以上的这些问题。

所谓的经营权通证，原本指在数字交易平台上，持有通证者有着影响平台或者协议方向的权利，甚至能影响少量基本的协议决策，得以参与平台的经营、管理，本质是平台经营权的一种“量化分权”。这里则是指将经营权、经营内容通证化运行，从而落地服务实体经济。

我们先看经营内容通证化运行，其特点如下。

1. 智能合约驱动任务执行

经营内容通证化，依靠区块链的智能合约自动执行任务，比人可靠，只要满足一定条件，便能自动触发相关任务，效率更高、更可靠。

2. 透明公开，解决信任问题

公司运营的每一项内容都可以写进区块，是透明的，所有通证持有者可以随时查询，且无法造假。

3. 经营效率会大幅度提高

依托区块链通证化运行，解决了线性管理的问题，能够很好地保证数据的准确性，承担大量的计算。同时，一切用“数据”说话，解决了主观评价可能导致的问题，避免了因主观评价产生的失误和偏差。

4. 不需要 KPI

去中心化、不可篡改等特性可以完美地反映每个人的工作及对项目的贡献，从而自动产生报酬，不需要 KPI（关键绩效指标）。KPI 是客观的，但是考核的人是主观的，因为人的经历、能力、私心等影响，一旦带入主观色彩，KPI 考核就会“跑偏”。

从中我们也可以窥得一个趋势：今后公司边界可能越来越模糊，准确地讲大家可能不是在一家公司而是在一个平台上共同做项目，并根据每个人的付出得到相应的报酬，公司的经营权也将逐渐弱化，业务边界越来越大。个人预判，随着通证经济的发展，不久的将来公司的组织形式将会产生重大变革。

另外，还有一些特殊的经营权存在，比如专利使用权、土地经营权等。这些特殊的经营权与公司的经营权有着本质的区别，往往只有使用的权利，可转让，可流通，但并不涉及太多的经营内容，本身也是一个极有价值的通证。

以土地经营权为例。

国内的土地经营权流转市场主要是地方性质的，存在着较大的信息不对称，给投融资双方带来了很大的不便。此时经营权通证化运营，就是将土地经营权本身作为通证，建立经营权资产管理系统，为跨区域的土地流转提供基于区块链的信息信任基础，并在流转的过程中定义多角色，提供多方共同参与的土地数据验证、信息存储、交易结算等功能，帮助土地经营权更安全、更便捷地流通、交易，其实本质上也算是一种所有权通证。

不管怎样，通证经济在商业经营这一环节带来的冲击将是巨大的，也许将改变未来的商业形态和生产关系。

06

优先权通证：让营销更“给力”

海与山争水，海必得之。

——《慎子·内篇》

现在竞争激烈，企业如何获得“民心之水”？赋予优先权，就是站在人性的高度凝聚大海之势，具备主、客观的取胜条件和天然优势，所以能够发挥优势，稳操胜券。

比特币中国 BTCC，创立于 2011 年，是中国第一个比特币交易所，曾提供数字货币交易所、矿池、支付网关、用户钱包和区块链刻字等服务，并于 2015 年发布了“优先区块”服务。这里引入一个新的技术概念，即“优先区块”。

赋予用户优先权是一种常见的营销手段，比如新品优先选购、VIP（贵宾）服务、免费体验等，都是商家赋予用户的种种优先权。

然而，想要利用好优先权营销并不简单，根据相关市场经验和调查，优先权一般包含以下五要素：

第一，与用户的合作时间。

第二，用户的诚信度。

第三，用户规模及潜在的购买量。

第四，用户下单先后时间及交货期限。

第五，用户订单的紧急情况。

为协调好这些，商家往往需要投入大量的人力、物力，但是如若为此建立一套完善的通证系统，将这种优先权以某种通证形式奖励给用户，不仅会让用户觉得商家真正将其放在了心上，而且更具公平性。

比如，到目前为止，外太空旅行，越过卡门线的只有几百人，但是身体素质符合条件的人却有很多，如何从这么多人当中挑选合适的人呢？当然你可以拍卖，根据价格，谁出钱多选谁。但是这属于失败的商业打法，会让人觉得有失公平。全世界有非常多的天文爱好者，他们会去购买各种昂贵的天文仪器，参加各种观测活动和讲座，其中不少人可能还有跳伞、开飞机的经验，如果将这些活动置于一个通证系统中，用户可以从中获取相应的通证奖励，最后谁获取的通证多谁就拥有优先权，就更容易被抽中遨游外太空，相信众多人会积极参与，他们更会发自内心地认可这个活动。

那么，优先权通证可以解决哪些优先权问题呢？根据用户优先权五要素，可以将优先权概括为时间优先权、价格优先权和概率优先权三大类。

1. 时间优先权

通常不管是产品的供给还是服务的供给，一般都是先到先得，但是这样一来，总有一些用户对商家来说具有特殊意义，比如核心用户、订购量大的用户、特殊情况用户等，为这些用户提供一些时间优先通证对商家来说就是一种可以利用的资源。因此，在单位时间内供给有限的产品的体系，便可以借助通证系统提供时间优先权通证。

比如，想要获得电影的首映门票、热门景区门票时，持有较多通证的用户都可以获得时间上的优先购买权。

2. 价格优先权

价格优先权很好理解，就是持有通证的用户享有价格优惠或折扣，一般适用于成本刚性、定价弹性的产品体系。

比如健身房、理发店，比如软件或游戏的点卡，在商家投入成本、开发成本已经固定，使用的人越多越能摊薄成本，且定价机制往往也比较灵活的情况下就可以用通证系统，用户通证越多，折扣就越大。而商家还可以通过通证消费在通证系统上快速清晰结算。

3. 概率优先权

概率优先权就是持有通证越多的人被选中的概率越大，适用于那种供给稀少且不可切割的产品体系，比如限量版产品发放、名人营销活动、免费体验活动等。

大家都知道，巴菲特的午餐机会是被拍卖的，谁出的钱多，谁就可以和“股神”吃饭。这种做法对于巴菲特来说是无所谓的，反正他都需要吃饭，想与他吃饭的人太多了。但是对于一般的明星、意见领袖而言，拍卖见面会，第一有风险，毕竟他们不是巴菲特那样的“万人迷”，卖价太低很难看；第二很伤“真粉”的心，也不能充分把“粉丝”调动起来。此时正确的做法就是利用通证模型，“粉丝”买他的书、为他出谋划策、为他点赞等种种行为都可以获得通证奖励，持有通证越高的“粉丝”就有越大的概率获得与他见面的机会。

优先权通证，将会被更多地用在营销环节，未来也许会变革营销方式。

总之，在不同的落地场景中，通证代表的权益是不一样的。随着通证经济的发展，依托于各种区块链技术，每个人、每家企业都可以开发自己的通证，简单来说就是你作为一个实体从业者，区块链“小白”，可以毫无门槛地接入为你的行业量身定制的通证系统，享受通证经济带给你的种种便利和好处，这样可以真正地将通证经济与实体经济紧密结合起来，开创一番新的商业气象。

目前，通证模型的应用处于探索期，概念性的东西更多一些，实际落地的真实交易、真实项目可能少一些。不过现在一些产业已经开始尝试利用区块链技术。这一章的分析，不仅点明了通证经济可应用的具体场景，相信也会对未来的通证具体运用产生实际的指导意义。

【通经纬·证明悟】

任何的商业模式最终都要能够被商业所应用，都有相匹配的应用场景，否则便是纸上谈兵，误人误己。

那么，现在的你：

知道通证经济的具体应用场景了吗？

会根据自身的实际情况应用通证经济吗？

想到通证经济其他哪些方面的落地应用了吗？

CHAPTER 7 | 第七章

共识数字化
——通证引发的商业革命

通证经济与实体经济的结合可能会重构商业世界格局，释放人类创新、协作热情和潜力的浪潮正在孕育、涌动，即将席卷而来，这不仅仅是一场技术革命，更是一场商业认知的革命。

RECONSTRUCTING THE ECOSYSTEM OF THE TOKENOMIC

01
与实体经济的亲密接触

> 故飘风不终朝，骤雨不终日。
>
> ——《道德经》

也许对于很多企业来说，互联网带来的冲击来势汹汹，但是它不管如何凶猛，总有时效性，而通证经济的出现，则降低了时效，相信不久的将来企业便能雨过天晴。

2016年，蚂蚁金服将区块链技术首先应用于支付宝爱心捐赠平台，将每一笔款项的全生命周期都记录在区块上，用户可以持续追溯资金流向；2018年，在阿里巴巴董事局主席马云的见证下，蚂蚁金服宣布上线全球首个基于区块链的电子钱包跨境汇款服务，并且现场完成了第一笔汇款。

2017 年，百度金融与合作方联合发行了个人消费汽车租赁债权私募 ABS 项目，其中区块链技术的运用为此次 ABS 资产运作透明化“保驾护航”。

2018 年，“税链”在广州市黄埔区、广州开发区上线。广州燃气集团有限公司由税务机关授权加入这一网络，开出首张“上链”发票，并实现全国首张电子发票上区块链存储和流转，从“以票控税”迈向“信息管税”。

2018 年 8 月，索尼与 IBM 合作构建一套服务于教育部门的系统，将使用 DLT（分布式账本技术）安全地存储学生记录，作为系统的一部分，相关利益主体之间共享学生数据。

2018 年 8 月，绿色农业生态基金会在马来西亚吉打州居林区运用区块链技术发展榴梿种植拓展计划，旨在打造一个在榴梿种植园地的收购、榴梿树种植与维护发展、榴梿各类成品的制造与包装、冷冻榴梿输出等各方面，全球最大的榴梿种植商、生产商、投资商与榴梿专业产业企业共识经济体，而这一举措，不仅加速了榴梿供应链的流通，更带动了当地经济的发展。

……

与前几年区块链技术主要应用于加密数字代币不同，区块链加之通证的加持，开始集中于数字版权交易、供应链溯源、供应链管理，乃至公司治理、优化流程、提升组

区块链是后台技术，而通证是前台经济形态，二者相遇，会产生巨大的商业能量。

织效率等与实体经济结合的紧密环节，并推动着实体经济的发展。（通过上一章应用模式的分析大家对此应该有了非常直观的感受。）

区块链技术与实体经济更为亲密的接触在于：给互联网时代中小企业突破瓶颈发展带来了一道曙光。

互联网经济发展到今天，经过激烈的角逐，逐渐形成了这一局面：巨头垄断格局已经形成，中心化的流量垄断已经开始封闭中小企业的上升通道，大部分中小企业都处于令人担忧的劣势之中。

第一，成本劣势，从融资成本、人力成本、生产成本到营销推广成本都居高不下。

第二，品牌劣势，由于品牌影响力小，只能在各大品牌的夹缝中生存，品牌的劣势也导致产品定价权缺失。

第三，人才劣势，很难吸引到人才，也难以留住人才。

第四，流量劣势，互联网赢者通吃，巨头垄断流量，中小企业为将自身的产品、服务推广到客户端，不得不向平台缴纳高昂的“流量税”，如竞价排名、广告费、开店费等。

第五，发展劣势，很多创新其实来自中小企业，但巨头企业可以利用自身的品牌优势、资金实力和经营规模优势，或高薪挖角中小企业的核心团队，或出资买断公司，或复制类似产品来挤压中小企业的生存空间。

互联网经济的发展也到了一个重要的十字路口，是继续坚持原有路线，由少数巨头企业把持流量入口万马齐喑，还是浴火重生，实现平等互联、百花齐放、万众创新的互联网创立初衷？相信谁都希望是后面一种。今天，通证经济与实体经济的亲密接触，也正在让这种可能发生。

1. 通证经济解决融资难问题

由于中小企业不具备强大的资金实力和资信，部分银行不愿意贷款给中小企业，同时中小企业通过风险投资等股权融资也非常艰难。但是通证经济时代只要项目好，企业便可以利用项目本身来筹集资金。

2. 通证经济解决推广难题

传统产品、品牌推广方式往往需要依靠目前互联网巨头垄断的流量平台，但是通证经济基于社群建设，通过开源社区、用户社区来聚集用户，可以绕过这些流量平台，建立更去中心化的社群生态。

3. 通证经济解决获客成本高的问题

通证是拉近用户距离、维护用户黏性的利器，采用通证来推广产品和服务，不但降低了用户的消费成本，给用户带来更方便的体验，而且给用户更多的激励，能够很好地引入、留存、转化用户。

4. 通证经济解决上下游生态门槛高、成本大的问题

相对巨头企业而言，中小企业小、散、乱，没有太大竞争力，想要形成协同共享共赢的生态平台，拓展自身的生存空间，往往很难打破信息、渠道、资金这样的高门

槛。但是通证经济可以通过有效的机制和信息数字化，低成本构建上下游生态联盟链，且通证可以在中小企业供应链上流通，优化供应流程，提升流通效率，构建良好的信息流、商流、价值流的闭环。

5. 通证经济解决人才问题

通过利用通证进行人才激励，中小企业可以拉近和大型企业在招募人才方面的实力差距。

罗振宇认为凡是新工具诞生，刚开始都是用于解决老问题，但是随着新工具应用的展开，它一定会带来前所未有的创新。如果你满足于用新工具解决老问题，就会错过创新的机会，辜负这项新工具。

当然，将通证经济看作工具是不对的，因为它已经不单单是技术创新，更是一种可被实体企业实际应用的创新的商业发展思维和应用模式，也将带来改变商业世界的力量，我们必须主动拥抱，以免真的辜负了一个即将开启的新时代。

02

诞生新型生产关系

> 科学越是毫无顾忌和大公无私，它就越符合工人的利益和愿望。
>
> ——恩格斯

通证经济是技术性、科学性与创新性的统一，它的出现也带来了新的符合广大人类的生产要素，可能会极大改变如今的生产关系。

人类社会在生产过程中，根据生产资料的所有权形式形成一定生产关系，而这些生产关系往往是由当时的生产要素和生产力水平决定的。

农业生产时代，劳动力是最重要的生产要素，但是随着市场需求的增长，需要协同更多的劳动者，个体生产已经无法满足生产力的需求，合伙制开始发展。

进入工业生产时代，为了适应大规模的生产，企业购买大量的原材料和先进的生产工具，资本成为最重要的因素，所以资本提供者享有最大的权益，生产关系转向私营制、公司制发展；很快资金需求越来越大，投资风险也在加大，个人或小集体已经难以承受，生产关系又向股份制发展，股东享有投资收益，资本还是决定性的因素；随着生产力继续发展，生产资料和资本已不再稀缺，拥有创新能力的人才成为竞争核心，劳动力要素的作用又开始不断增大，产生了技术入股、员工持股等形式，但出资人依旧占据最大权益，资本的力量依然具有绝对影响力。

不管是农业生产时代还是工业生产时代，生产力主要是以生产实物产品的能力为主，生产关系中生产者的信任关系来自生产资料占有者的信任背书。

但是很快，人类进入了信息社会，全球经济也出现全球化、虚拟化、社群化、共享经济的新特征，必然也将出现新的生产关系与之适应。而通证经济将引领这场生产关系的变革，原因有三：

其一，越来越多的产品开始摆脱实物的限制，数字化的产品和服务越来越多。

其二，无形资产成为人们重要的财富之一，需要新的产权制度来界定边界。

其三，市场实体边界逐渐模糊，企业和用户相融相生。

那么，通证经济将如何重新定义生产关系和重新分配商业价值？

1. 消费关系——消费者价值

按照传统的商业规则，消费者只有一个角色，那就是消费者，与企业也只在消费环节发生关系。

比如，你是一家服装店的顾客，那你就只是顾客，顶多成为 VIP 顾客享受一些特权罢了，但是衣服该怎么做，店面该怎么装修，轮不到你来决定，你不是服装店的经理或员工，当然更无法分享其利润收益。

现在很多聪明的企业越来越认识到消费者的重要性，这个重要性不仅包括消费潜力，也包括消费者本身蕴含的创造力、投资力、宣传力、经营力等，也有不少公司将消费者纳入产品研发环节，比如“粉丝”就参与了小米手机的研发。可真正能够激发消费者无限潜力、维护用户最强黏性的是共享股权和利润，这一点现实中极少有企业能够做到。

而在通证经济中，比如在消费权通证系统中，消费者可以突破单一的身份限制，而成为投资者、参与者、传播者……多重身份的塑造和统一，能够极大地挖掘其所蕴含的价值，而不仅仅是消费价值。

2. 雇用关系——劳动者价值

互联网时代，终身雇用已经一去不复返，如何从雇用关系中挖掘价值，变得比以往更加重要。

如今职场新生代员工将自己看作“自由人”，也更懂得在谋生与自我实现间寻找平衡，很多时候雇用关系在其眼中不过是“一笔交易”，忠诚是罕见的，长期关系更是罕见的。在他们眼中“好雇主”不再是简单地等同于提供高收入和好福利的人，而是能够引领他们的内心价值取向和诉求的人。于是新雇用主义诞生：企业与员工迈向合伙人关系，商业世界需要有利于相互信任、相互投资、共同受益的新雇用关系框架。

通证经济让雇用走向“联盟”，分红权通证、经营权通证等，为企业和员工提供了可信任、可投资的新型雇用土壤，员工也可以是公司的所有者，大家都坐上了同一条船，互相增加价值，帮助彼此走向成功，这才是真正的共赢机制。

3. 渠道关系——加盟者价值

渠道曾是国内企业为数不多的“优势项目”之一，也历经了从渠道下沉到直插终端、从纵向深度分销到横向联体分销、从传统渠道到电子商务等一系列的进化过程，但是随着跨国公司对国内市场不断了解和布局，国内企业渠道的竞争优势在不断消弭，而其渠道建设本身存在着两大主要问题：

完全依赖经销商，企业为了短期利益，为了成功让更多的经销商加盟，快速拓展自己的分销体系，招商手段不断翻新，其中有一些俨然成了“圈钱”的手段，厂商之间的信任关系变得非常脆弱。

完全不信任经销商，开展纵向深度分销，甚至自建终端，追求百分之百的渠道掌控，结果往往也只是无谓地增加资金成本和管理成本。

同时，厂家与经销商之间的博弈关键也在于渠道之争，有时难免出现诸如区域划分、经销权限、销售政策等重大问题，造成分歧和冲突。

而通证经济打消了厂商与经销商彼此之间的信任顾虑，更通过智能合约明确区域、责权等划分，一旦约定便不可篡改，自动推进销售政策的执行，而其公开、透明的特性也能够更好地吸引更多的有识之士加盟运营，将加盟模式及加盟者的价值真正体现出来。

另外，前文已经说过，通证经济中节点即渠道，某种程度上说，通证和物联网的联合将重新定义渠道，甚至商业的渠道历史也可能就此被改写。

4. 投资关系——出资者价值

企业发展需要资金，手有闲钱之人需要让资金保值、增值，可是创业有风险，是必须承认的一个事实，而投资有风险，也是必须承认的一个事实，于是，现实中拿到投资的团队永远是少数，拿到投资又能走下去的团队更是少数中的少数。

那么我们应如何来操作这件事呢？最常见的是融资路演、朋友介绍。可这种隔着屏幕、中间人的方式，无法直观、简单地在创业者与投资者之间建立起完全信任关系，双方之间更多是在不断地消耗时间进行“侦查”和“反侦查”，效率低下。有时往往因某一环节的判断失误错失合作良机，即便合作了，由于项目或企业运营的不透明，投资者随时都会产生“危机感”，突然撤资等并不是小概率事件。

通证的投资和股权投资都应当遵循价值导向的原则，只不过二者衡量价值的标准不一样。一个是基于利润体现赚钱能力，另一个是基于交易价值体现影响力。

通证经济则可以较好地解决以上问题。比如创业者可以利用通证模型招募投资者，将自身项目及运营、收益情况公开、透明地在系统中呈现出来，更具可信度。而投资者可在系统中快速了解项目信息、前景和进程，做出投资决策，并获得投资奖励，真正地将双方利益最大化。

5. 合伙关系——运营者价值

合伙人制早已不是什么新名词，阿里巴巴、小米、京东等案例就是最好的说明，企业不再需要职业经理人，而需要事业合伙人，人力资本价值管理时代已经来临，也引发了一系列新的变革：

资本方不再拥有绝对的话语权。

等级关系被打破，效益是最高的“权利”。

运营者可以享有更公平的利益分配。

而通证经济的出现，无疑为人力资本价值管理锦上添花，比如经营权通证系统，不仅很好地保证了运营者的利益，激发运营者的热情和忠诚度，也将运营过程及成果直观、简单地展现出来，保证企业的利益。

总之，未来人与人、人与企业之间的关系是以弱中心化形式存在，组织以智能合约形式将任务发布出去，项目参与者可兼职、专职，自愿认领工作任务，通证激励和智能合约等共同保障和维护项目运营。参与者在完成约定的工作任务后，系统会自动评估发放工作量证明，并将收益自动分配到项目参与者中。

生产力发展导致的生产关系的变革，会生发出更高级的生产关系组织形式，也必然率先在一些商业领域里掀起热潮。

03

15个将被颠覆的领域

不登高山，不知天之高也；不临深溪，不知地之厚也。

——《荀子·劝学》

当今时代风云变幻，在你还未看清眼前局势、行业全貌时，变革便已悄然发生。所以，你只能永远站在时代的前沿，审之、慎之、试之。

如果你因为看了本书，而沉浸在区块链和通证经济所带来的商业震撼中，那么笔者要告诉你，有远见的人已经开始一路狂奔了。

IBM、BAT、小米、360、微软、迅雷等互联网巨头纷纷入局、布局，甚至万达、脑白金、五粮液、茅台也都加入了战局，而且它们对待区块链技术非常理性，只是将其应用以及对他者赋能，其应用场景主要有两大实际方向——2B 企业服务、2C 用户需求，一个即将到来的方向——IoT 物联网。

方向一，2B 企业服务，平台开放布局。区块链技术本质上可以看成是云计算发展的一部分，因此可以被各个行业运用，而巨头早已开始着手于各自的云计算布局，应用区块链技术不过是顺理成章的事情。

方向二，2C 用户需求，产业链整合布局。巨头企业拥有海量的交易场景，并拥有比较完善的商业生态体系，可以立足用户需求，利用区块链技术整合上下游产业链，让原有的交易场景变得更为透明、安全、可信赖。

方向三，IoT 物联网，布局 IoT 全面爆发的未来。物联网应用本身即是分布式的，所以区块链的分布式账本技术可以在设备之间发挥作用，而智能合约也可以支持特定物联网的其他智能应用。因此，区块链技术不仅可以改善物联网的合规性，还可以改善物联网的功能和成本效益。

区块链技术本身可以说是一项非常重要的突破性技术，特别是在区块链技术基础上，通证经济的提出及被认知，更可能对传统商业世界造成巨大颠覆，它的出现赋予了区块链更多的落地实体经济的可能。而我们从以上巨头企业的发展方向中，也可以窥得通证经济将改变以下领域。

1. 银行业和支付

通证经济在金融领域的应用将改变资产形式、支付方式、交易流程和记录方式，极大降低交易成本，提高流通效率，使得传统银行的运营更加敏捷、高效和安全。

2. 网络安全

通证的实施，一方面很好地保护了个人及企业信息，另一方面区块链技术可以成为专家和工程师强大的工具，尤其是针对单个或多个节点故障和中心化漏洞系统作用明显。

3. 供应链管理

供应链云集供应商、制造商、分销商、零售商和用户，是一个复杂的功能网链结构，在这个链条上资金流、信息流、实物交接流之间的相互运行协调难度高。而通证经济系统可以确保所有的交易被永久记录、不被篡改，任何被记录的信息都可以被追踪查询，并依靠通证流通、交易，可以大大减少供应链管理中人为的错误和延迟。

4. 预测领域

通证经济系统中每一个人的行为都可以被记录，所产生的数据都可以被分析，甚至被预测。

5. 物联网

通证经济运用于物联网中，至少能在大数据管理、安全透明性、智能设备服务交换三个方面提供合适的解决方案。

6. 保险业

保险业的根基是信用体系管理，通证经济系统提供了一种新的信息存储方式和管理方法，能够很好地解决信用问题，同时将合约智能化，可自动执行，能够让保险业越来越回归本质：链接标的、重拾信任、分担共享。

7. 共享经济

通证经济去中心化的特点与共享经济的宗旨有着高度的吻合，加之个人资产、权益、信用等皆可通证化运行，未来将给交通工具租赁、房屋共享等领域带来新的促进作用，也许会给整个行业带来全新的改变。

8. 信息储存

传统的信息储存一般采用归档入库，互联网时代出现云储存，而区块链技术可以支持加密数据的分布式存储，是协同云存储的技术核心。

9. 慈善公益

慈善、公益经常会面临腐败和低效率运营的指责，使用通证经济系统后，可以对每一笔慈善款、公益款溯源、追踪，更好地监管款项的用途。此外，可匿名性还能很好地保护捐赠人隐私。

10. 公共投票

传统的投票和计票方式存在漏洞和出错的可能，而通证经济系统可以被运用在选民注册、身份确认上，同时保证选民个人隐私，并且投票不会被篡改或移除，可以让选举更加公平公正。

11. 能源行业

能源行业是一个高度集中化的行业，生产和分配通常被几家公司垄断。随着新能源的兴起，大量的电力生产设备需加入电网，其中各种信息交互、智能电网控制和调度以及分布式电源的协同控制都是必须要解决的问题。

12. 原创设计

在原创设计领域，版权的重要性不言而喻，但是互联网的出现一方面促进了内容的快速流通和传播，另一方面也助长了盗版、侵权的行为。通证经济系统，可对原创内容确权、登记，可溯源追踪，保证了原创者的权益，也打击了盗版行为。

13. 零售业

传统的零售业建立在商品经营场所的信任基础上，线上零售业则建立在对平台的信任基础上。而通证经济中的零售业可以在没有中间平台的情况下实现安全交易，且可以通过设计可靠的共识机制避免刷单信用行为，更加可靠有保障。

14. 房地产业

传统的房地产交易手续烦琐、流程冗长，且中间容易发生欺诈行为。通证经济下的房地产业可以更加有效地记录和验证房产信息，并记录所有的相关交易，可以大大减少所需文件和流程，加快交易进程，为每个参与者提供更透明、更安全的交易过程。

15. 医疗业

医疗是一个非常依赖旧体系，且需变革的行业，如健康信息共享、医疗流程透明化、医疗事故责任可追溯等，都可以让通证经济有非常好的用武之地，同时它也会极大地优化医疗资源配置。

总之，毫不夸张地说，通证经济有潜力改变任何依赖第三方中介交易的行业，基本上只要机构有一个中心数据库，这个行业就有可能被颠覆。简单来说，如果你的行业正在和数据或者交易系统打交道，就很可能被颠覆，而你要做的便是意识到这种颠覆即将到来，并积极调整好自己的思维、认知模式，让你和你的企业更好地应对未来的变革。

04

区块链思维：望、闻、问、切、建、行

> 观众器者为良匠，观众病者为良医。
>
> ——叶适《法度总论》

观察过多种器物的人才能成为优秀的工匠，查看过多种疾病的人才能成为出色的医生。同样，唯有多方面观察，审视自身企业、项目与通证经济的契合度，才能成为优秀的通证使用者。

随着通证经济的发展，未来的企业会是什么样子呢？

可以非常明确地说，曾经传统的以生产规模、员工数量、融资金额等为衡量企业的标准的情况将会成为过去时，可能只有几个人的实验室、工作室所创造的利润就可以超过拥有数百人的企业所创造的利润。

当商业的发展不再依赖规模、员工数量、资本时，其核心竞争力便在于项目的创新和思维的创新。而区块链发展至今，对于商业而言已经不仅仅是一种技术工具，更代表了一种全新的思维模式，它改变了我们对过去的固有认知，如果把物物交换比作人类思维的第一维度——直接、粗暴，互联网思维就是第二维度——用户、闭环，区块链思维就是第三维度——共赢。曾有人给它下了这样的定义：

关于区块链思维的说法早已见过多种版本，这是目前比较合理、全面的说法，可以让我们对区块链思维进行系统性的思考和应用。

区块链思维，是一种以去中心化、多方共识机制、代币经济学为指导思想，使其人人参与，人人贡献价值，人人获得收益，从而构建新型生态级价值互联网。

也许，未来区块链思维会进一步延展，就像曾经的互联网思维那样，演化出多个解说版本，但其内在本质和核心认知是不会变的，哪怕目前的解读依旧不完善，依然可以被我们所知道、所运用。而思维的高度，也决定企业、项目的运行高度和格局，因此当我们决定将项目纳入通证系统时，必须学会用区块链思维对项目进行望、闻、问、切、建、行，把握好六大关键指标。

1. 望——趋势的项目

以长远的眼光来判断项目是否符合实施通证，具体来说，有四个参考方向。

（1）中介环节需要消耗大量资源的项目：可以利用通证化改造，减少信息、价值流通交易环节，提升效率，减少财富的流失。如二手车交易，要实现买卖双方信息互通有无，需要商品（汽车）状况采集、车辆过户手续办理等环节，其间必然消耗大量资源。但是通证化后，车主及车源信息透明，买卖双方可以时时确认信息，直到完成整个流程。

（2）需要社群化的产品、项目：也就是需要较强的用户黏性和使用频率的产品、项目，在这类产品、项目中，社群的重要性不言而喻，而通证化就是在构建社群，其中的共识机制和激励机制能够很好地激发用户的活性和黏性，促进用户高频使用产品。

（3）能够改造为 B2C 模式（商对客电子商务模式）的产品、项目：B2C 模式具有更好满足用户个性化需求、节省成本、提高流通效率等优势，而通证化不仅让 B2C 模式体现得更清晰，企业和持有通证用户之间更是可以打破简单的买卖关系，促进彼此之间更深层次的合作，协作关系更为牢固。

（4）希望实现价值共享的项目：最典型的就是共享经济体系下的项目，比如共享单车、共享房屋。此类项目引入通证经济系统后，通证将量化每个人的行为，给所有持有者带来通证收益和整个通证系统的价值增值收益。

2. 闻——成熟的技术

以灵敏的嗅觉判断所要引入的区块链技术的完整度和完善性。

要将项目通证化发展，技术点是必须要突破的，否则没有上线的可能。而随着区块链基础架构和底层协议的逐步完善及技术的开放发展，市场门槛也在降低，已经形成了几个大的知名底层技术平台，大部分行业应用都会基于这几个平台来开发，因此要综合考量各个平台的技术优缺点，从中选取与自身项目最契合的平台合作。

3. 问——正面的动机

问，就是内省自身项目特点：想要解决什么问题？如何解决这些问题？让通证经济的商业运用真的为解决具体场景中的痛点服务，而不是一个噱头和“表象”。

4. 切——明确的目标

切，就是在正面动机的基础上，于具体消费场景中切中要点、关键点，明确目标是什么。其最核心的就是项目要素的通证选择，这直接与用户的权益息息相关，也是最吸引用户的关键点所在。比如，你的目标是融资，此时通证就要挂钩股权；你的目标是促进消费，此时通证就要挂钩消费返利或消费分红。

5. 建——共赢的机制

建，就是构建一套完善的通证模型。（至于如何构建，在第五章中已经有了详细阐述。）

6. 行——优秀的团队

想要将通证模型实实在在地在产品、项目中落地实施，你还需要一支匹配度极高的运营团队。一般来说，一个通证模型运营团队包含以下几个角色：生态设计师，负责整个通证系统生态建设；技术开发人才，构建、运行通证系统；运营人才，运营推广项目及通证系统。当然，这样的人才到位后，你只是完成了团队建设而已，要想打造优秀的团队，则要将创始团队所有收益与通证系统的未来预期成长紧密联系在一起，构建一个真正的利益共同体。

其实，不管你的项目未来如何发展，你都要掌握区块链思维这个全新的思维模式，因为这是一个全新的世界，其中一定会有更多的想法和项目出现，要拥抱它，尽量成为最早进入的一批人。

05

商业小循环：打造共识经济体与价值载体

> 我们相信某种秩序，并非因为它是客观事实，而是因为相信它可以让人提升合作效率、打造更美好的社会。
>
> ——尤瓦尔·赫拉利《人类简史：从动物到上帝》

协作共赢是人类得以在自然界崛起的重要原因，人类进化到现在也一直是在某种共识下进行社会活动的。通证经济将极大地提高这种合作共赢的效率，为美好的未来打下牢固的商业基础。

有人认为，社会就是一张有意义的价值网，而这张网，是所有人达成某种共识构建出来的。

最早的这张价值网依靠以语言文字为媒介的协作来构

建；之后随着科技的发展，协作、交流效率有所提高，也让这张价值网开始突破时空地存在着；再后来商业制度开始出现、发展，如合伙制、股份制，在进一步提高协作效率的同时，更将商业利益与价值细分，这些都是在帮助人类实现协作共赢。而互联网的出现极大地提高了人类协作效率，通证经济可能让人类协作方式产生质的变革，成为新的价值载体：

第一，人类将依附数据及系统进行分工协作。

第二，通证是权益的数字化证明，通证将成为一种新的资产形式，并可用于流通、交易。

第三，与互联网的信息传播不同，通证系统可实现价值的转移。

第四，通证的价值核心在于可与现实中的基本价值建立联系，比如房产、版权，并产生不同的衍生体，比如房产确权通证、房屋交易通证，更加适应数字化时代的发展。

也许，你已经洞察到了这种趋势，但可能觉得打造全人类的共识经济体与价值载体目标有点遥不可及。其实，你完全没有必要为此担心，就像当初马云创建阿里巴巴的时候，刚开始也不过是“小打小闹”，很多人不看好它，但是发展至今，阿里巴巴不仅成了巨头企业，更颠覆了传统的零售业，马云也顺理成章成了人人膜拜的商业领袖。

所以，你也可以趁现在，在自己的商业圈内，用自身的产品、项目构建一个螺旋上升的通证模型，用全新的共识体制和价值载体，将用户、员工、股东等角色都纳入其中，实现商业小循环发展。随着系统体量、公信力、影响力的上升，谁又敢肯定未来你的企业不是第二个阿里巴巴？

那么，我们应该如何打造这样的共识经济体与价值载体呢？

1. 具有开源共享的心态

很多人知道开源是源于开源软件，也就是开放其原始码让所有使用者自由修改的软件。但是开源的观念并不仅限于软件的开发与使用，可以升华成一种事业态度，企业抱着开源的态度，透明化地与大众分享、合作。如若没有这样的心态，在项目实行通证化的过程中，必然陷入黑箱、奇点等陷阱，让整个通证系统流于形式，失去意义。

2. 多中心化执行

也许你的通证系统很难真正做到去中心化，但一定要保证多中心化执行，比如确实加重一些节点的决策比重，而不是全凭你一家之言，否则通证系统去中心化的先进性将被抹杀，其可信度、吸引力也将大打折扣。

3. 具有良好的征信

我们都知道，商业中杠杆很重要，它让整个商业世界的效率提升了。而通证系统中的杠杆，就是企业、项目良好的征信。良好的征信能够降低用户对项目通证系统的信用门槛，激发用户的参与热情与生产力。

4. 具有发展潜力

有前景的项目才是好项目，才是真正能被大众青睐的项目，因此你的产品、项目必须具有发展潜力，这是硬要求。

5. 具有较高的格局

具有较高的格局，不仅体现在整个项目的顶层规划上，也体现在整个通证系统的机制建设上，特别是分配机制的建设，不要局限于眼前的短期利益，而要从长远发展角度出发，对用户真正做到诚信、公正、公平，牢牢维护其黏性，促进社区的长远发展。而一个高质量社区的价值，未来可能会远远大于项目的价值。

6. 具有良好的财务情况

如何让用户相信你的项目？除了良好的征信外，良好的财务情况会是最直接的“证据”，它能够很好地证明这个项目的收益，明白无误地告知用户其投资价值。同时良好的财务状况也是保证通证系统健康良性运营的重要保障，否则很容易陷入“庞氏陷阱”。

7. 健全财务核算

想要保证良好的财务情况，就必须健全财务核算，保证整个资金链的良性流畅运转，避免陷入发债的怪圈。

8. 确保清晰的法律关系

由于受币圈的影响，很多用户会质疑通证系统的合法性，因此你必须保证通证系统中所有用户之间都有着清晰的法律关系，从而保证所有通证持有者的权益。

9. 建立完善的管理体系

虽然通证系统去中心化或弱中心化自行运营，但是必要的管理还是需要的，因此需要完善管理体系，系统机制管理、风险防控、纠纷仲裁、违规惩罚等，都要事先规划好，列入日常管理工作范畴。

10. 建立优秀的执行团队

关于优秀的执行团队前文已经讲了，这里再提醒一点，这个团队一定要是利益共同体。

也许现在将项目通证化运营收益并不明显，但是抢占先机，积累用户基础，未来一两年，更多的通证经济场景可能会真正爆发，每一个单一的领域都可能存在上亿级甚至千亿级的市场价值，这样的市场规模和市场潜力，积少成多，逐渐成为常态时，对整个社会来说影响无疑是非常巨大的，也会让我们的财富形式、价值发生巨大变化。

【通经纬 · 证明悟】

在人类发展历史中商业革命在不断地进行，但是“可怕”的商业革命出现得并不多，在互联网出现之前，那些商业革命基本都是在传统商业的基础上发生的，但互联网特别是通证经济带来的商业革命却是在改变商业模式及商业路线。如果你很难看清其变革的本质，在未来发展中也必然重蹈当初遇到互联网时的覆辙：无所适从，甚至丧失竞争优势。

所以，请认真想一想：

通证经济对商业的变革是如何实现的？

我的行业面临变革的“危险”吗？

我要将自己的职业和企业置于何种高度才不至于在未来失去先机？

CHAPTER 8 | 第八章

资产上链
——通证引发的资产革命

通证经济激发了我们对人类资产的想象力，也许未来判断一个人是否富有，将不再看他所拥有的资金、存款……

RECONSTRUCTING THE ECOSYSTEM OF THE TOKENOMIC

01

撬动资本市场的数字化

发现每一个新的群体在形式上都是数学的，因为我们不可能有其他的指导。

——达尔文

数字资产的崛起让人惊讶，而认识它的更好的方式将会是通证，它不仅让数字资产的内涵更为丰富，也让数字资产完全数字化、精细化，更容易被我们感知和拥有。

不管是BAT帝国，还是滴滴、美团，它们得以在互联网经济中一飞冲天，都离不开两个关键——共享经济和资产流通。而资产流通的便捷办法之一就是数字化，即让实体资产通过智能数字化的方式更加便利地流通。

确实，传统的资产服务需要相应的中间商，资产所有者证明、真实性公正等都需要第三方介入才能完成，而资产的流通则需要资产发行方、资产接收方、流通平台三者同时介入，才能完成整个的流通过程，往往具备渠道垄断、效率低下、成本高等痛点。

然而，当我们经历了多轮过山车之后，冲击也进入了下半场——资产数字化。其历史进程如图 8-1 所示。

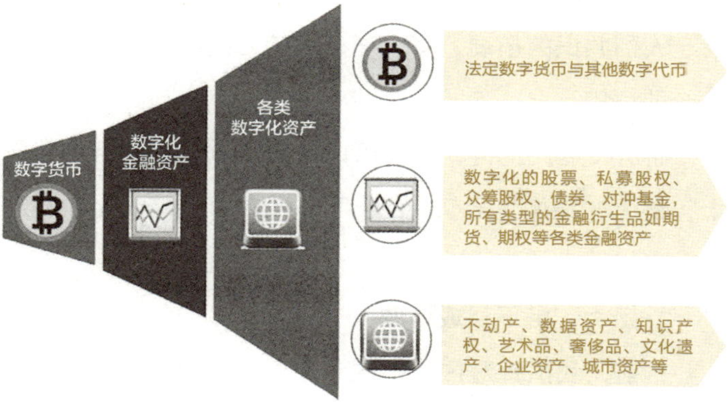

图8-1 资产数字化进程

为此曾有人给出如下定义：资产数字化是以密码学为基础的，通过分布式共识系统来实现的实物资产的电子化，并促成资产安全、快捷、方便流通。

其实从通证经济的角度来看，资产数字化是将价值资产“符号化”，实际上就是利用通证实现数字资产的唯一性、交易的唯一性，以及提供使用过程中授权和交易的证明，是一个资产上链的过程，需经历三个步骤：

第一步，将实物资产映射到互联网上，也就是将实物资产通证化，转变成互联网上的数字资产。

第二步，智能化，让资产被赋予可编程性，同时确保唯一性，并运用通证系统智能流通。

第三步，实现数字资产互联互通。

当然第三步目前技术还无法实现，大多的通证系统是一个单私产的体系，但是随着技术的进步、应用场景的扩大、人们共识的拓展，多个通证系统之间实现互联互通会是一种趋势。

而这种资产上链，不仅可以与真实世界打通，构建链上、链下“镜像世界”，更是可将权责划分精细化、自动化，更好地维护市场秩序。

1. 链上、链下互成镜像

目前，我国针对区块链的法律并不健全，发生纠纷虽然可以借由智能合约自动判断，但执行时如果没有抵押还是需要诉诸法律，然而，想从法律上获得完整的保障不仅成本高，而且难度大。

所以，推动资产数字化，将现用户所处的真实世界与链上世界紧密地联系起来，是整个通证系统信任闭环的基础，可以为链上合约的执行提供相对有力的保障，这对用户来说是一种利好的消息。

而通证系统是工具不是目标，其作用是将真实世界通过这个系统镜化出一个数字化的世界。通过通证系统把资产数字化并上链后，真实世界的资产使用、交易、流通等行为都将在系统分布式账本上面留下宝贵的数据，链上的每一个人都能够一目了然地掌握基本信息，并跨越时空地看到资产的实时动态数据，降低信息获取成本，且通过技术手段，将资产信息用技术手段进行加密和存放，不可篡改，安全性将远远大于实体的保存。同时，数据的真实、不可篡改，降低信用成本，将传统中由于信任问题而产生的诸如质检、审计、结算等环节大大缩减，提高透明度与公正性，加之智能合约的自动执行，可极大地提高流通效率。

这一点是通证经济落地，实现与真实世界资产打通的关键。

2. 权责划分精细化、自动化

著名经济学家科斯曾提到这样一个论断：权责界定越明晰，经济就越容易达到帕累托最优[①]。但是这在传统的市场里是做不到的，因为信息不对称会导致柠檬效应。

大家都知道柠檬熟透了才甜，但是当你手上只有青皮柠檬时，就会安慰自己说这个柠檬的味道一定会很好，会

① 帕累托最优：也称为帕累托效率，是指资源分配的一种理想状态，假定固有的一群人和可分配的资源，从一种分配状态到另一种状态的变化中，在没有使任何人境况变坏的前提下，使得至少一个人变得更好。

很甜，何况有柠檬总比没柠檬强，也就是做出了次优选择。一般企业与客户之间存在着严重的信息不对称问题（除非是卖非常标准化的产品，要不然产品的卖方永远拥有比买方更多的信息），企业与客户之间的博弈最后的结果往往就会是次优选择，这就是柠檬效应。

举个简单的例子。

你想在二手车市场买一辆车，卖主对这辆车的性能一清二楚，而作为买方的你只能根据外形、试驾来判断，因为信息不对称，你并不相信卖家的话，便会一再压低价格，那么在这低价下，卖家只能卖劣质的二手车，最后陷入恶性循环，劣币驱逐良币。这也就能解释为什么假冒伪劣产品会充斥市场。资本市场的情况亦是如此。

但是通证很大程度上解决了信息不对称问题。不管是投资人还是募资人，都可以在通证系统中充分掌握双方信息，而且哪些是投资责任，哪些是募资责任，如何赔付等都可以约定好生成智能合约，并自动执行，实现了权责划分的精细化和资源配置的优化，可以让资本市场更加高效、有序地良性运行。

随着计算机算力的提升、公链的完善、数据的逐步打通与开放和法律的健全，资本市场数字化发展将越来越规范，未来，在通证经济里，一切资产都可以通证化，每个人都可以成为资本市场的参与者、贡献者、获利者。

现在的状况是：数字化之于许多人，并不是主动进行的，而是走投无路被逼进行的。但通证经济的出现则让资产数字化之路更加合理、顺畅。

02

通证“桥梁化”

> 见贤思齐焉，见不贤而内自省也。
>
> ——《论语·里仁》

币圈乱象早已不是什么新鲜事，我们唯一能做的便是去其糟粕，同时对其乱象躬身自省，寻找更好的发展道路。

哈耶克曾在《货币的非国家化》一书中惊世骇俗地提到一个观点：国家放弃货币铸造垄断，允许私人发行货币，各种货币通过自由竞争筛选出几种稳定的主流货币。

在当时的条件下，哈耶克的实验还无法真正展开，但是比特币的出现部分符合了哈耶克的想法——私人发行今天，资产保值、增值是我国很多中产阶级的首选财富方案。很多人除了实物投资，也愿意在虚拟货币市场进行尝试。但币圈的欺骗性、诱惑性、隐蔽性较强，需要人们理性看待。

“货币”。

如今，数字货币已经开始影响到一部分人的资产配置乃至生活。

然而，我们又不得不面对这样的一个现实：此前加密数字的发展，基本是“炒”起来的，是一个“泡沫游戏”。随着泡沫的破裂和国家政策的调控，现状亟须改变。

任何新技术的发展都必须经历艰难曲折，区块链也是如此。到目前为止，活跃在行业前沿的人大多头脑灵活、动作敏捷、敢于冒险，不能否认其“开疆拓土”的精神。

但是，通证经济的出现，让区块链更为紧密地与实体经济联系在一起，随着一些有实力有项目的实体进入，市场发展必然也将更加有序地落地。在这种情况下，区块链应用的合规之路也将被进一步推动。

1. 充分挖掘通证的价值资源

用通证联通用户实际权益，依托其稀缺性，将操作流程标准化运营，以便能够快速复制形成模式化，提升对外的影响力，进一步放大通证自身的价值。

2. 激发网络效应的平台

通过共享平台建设，可以将连接供应与需求的商机放大，让供和需在平台上循环对接，释放出新的能量。

而一个成功的共享平台，需要具备两个功能：一是激发正向的同边网络效应，也就是当人们看到身边人纷纷通过这个平台获取效益时，也会加入；二是激发正向的跨边网络效应，也就是随着用户越来越多，会吸引更多的第三方应用或另一些用户入驻。

3. 持续性吸引用户，让用户形成规模

通证共享平台建立之后，需要持续性地促进用户规模增长，只有当用户达到一定规模的时候，才能凸显平台的影响力。

4. 区块链技术维护信任

充分利用区块链技术及其逻辑，来运营整个通证系统，维护用户信任，在加大监管力度努力规范市场的同时，也积极借鉴区块链的技术优势，促进行业经济合理、合法化发展。

通证经济未来或许会成为由“虚”向“实”转变的一座桥梁，配合市场的监管，让区块链技术能合规、合理应用。

03

货币数字化

> 彼之理是，我之理非，我让之；彼之理非，我之理是，我容之。
>
> ——《格言联璧·接物》

数字货币是纯民间行为，不具备法币的权威性，但是它可取的一面也正在被国家金融机构接纳、借鉴，正在变革今天的金融市场。

金融投资，每一个细小的变化都可能改变市场的走向，数字货币去中心化、匿名、智能合约等特性，对现在的货币体系建设具有很大的冲击性。

冲击一，货币结算将被扁平化。数字货币分布式结算功能，让除了传统的商业银行之外，每个市场的参与者都可能进入央行的资产负债[①]，会极大冲击银行作为第三方的地位和作用。

冲击二，成为改革风向标。数字货币的基础是一套运算加密的计算机算法，融合了分布式时间戳、公共密钥和工作系统证明，这对改革当前的电子商务交易方式有着参考意义。

冲击三，用户拥有选择权。以往我们只是将资金存入银行账户成为资产债务，但是区块链技术的出现，将区分出基于资产的货币与基于债务的货币，用户可以选择支持有创造价值的债务，摒弃不创造价值的债务，并且基于资产的货币将出现多种衍生体。

这三大冲击，加之全球以互联网金融为主的创新模式正在飞速发展，各国银行积极采用各种新的工具和技术，加强自身的业务能力，并将顺应这样的趋势，建立其自身的“数字货币”，也就是货币数字化，以便更好地服务大众。

2016年年初，英国央行研究发行数字货币，同年，中国央行推动的基于区块链的数字票据交易平台已测试成功，保证了金融政策的连贯性和货币政策的完整性……

---

① 资产负债：反映企事业单位资金的取得或形成状况叫资产，反映资金的运用和存在状况叫负债。

虽然这些本质上是货币的数字化，但我们必须看到它带给现行货币体系的一种创新式运作方式。

1. 数字货币生态系统得到补充

由于传统金融机构无法很好地应对新生的市场，未来央行货币数字化可以作为一种补充措施参与进来，丰富生态系统，重塑市场竞争秩序，可能对市场重新洗牌。

2. 将带来更好的用户体验

货币数字化技术在不断创新升级，分布式账本技术无须授权的特性允许任何银行用户参与到区块链生态系统中，支付确认时间更快，支付方式更便捷，通过客户端就能完成交易，金融资产可以在全球低成本地转移，靠全球信用体系自治，以低成本、高效率来提供更好的金融服务。

3. 给银行业务带来三大突破

央行货币数字化的发展既有技术发展上的必然性，也可以给现行货币系统带来三大突破：货币进行数字编程后，能够被指定用途和路径，因此借贷去向变得可以控制；货币数字化可以搭载智能合约，对于支付和清算体系的升级提供了可能性；货币数字化具备可溯源的特性，使得所有人的信用档案和交易都可验证，这有助于征信体系的建设。其优越性在于可以充分做到交易流通，并可监管、可溯源，且用户获得简便、无门槛。

4. 央行货币数字化的优势

和比特币这种严格意义上的数字货币不同，央行货币数字化一定是中心化的，在形式上，其管理也将和传统货币整合，在央行的框架下一体化运行。同时，央行货币数字化能够保证国家对货币发行主权的控制权。

另外，二者在着力点和实现手段上不同。数字货币价格出现很大波动，主要是因其着力点大多在虚拟资产交易方面，技术上也更为偏向开发、算法，没有专注于在零售支付方面的应用；而央行货币数字化的本质就是各国的法币，技术针对的是零售支付系统，服务的是实体经济，在整个发展过程中，非常注重有序研发和测试，系统的稳定性更有保证。

法币拥有无可比拟的优势，比如国家为其信用背书，其发展历史长、市场认可度高。

未来，随着银行的入场，官方“数字法币”、加密数字货币、通证三位一体的资产新生态可能会形成：以区块链技术为基础设施，官方“数字法币”以国家信用为背书，通证则代表未来最广泛的资产应用，这样不但通证经济的价值得以体现，区块链通证的颠覆性意义也将得以显现。

04

通证是对人类财富分配更好的解决方案

> 财产是一切罪恶的根源：财产的分配与保卫占据了整个世界。
>
> ——列夫·托尔斯泰

财富的分配始终贯穿于人类经济社会发展过程，我们也一直在寻求最佳的分配方案，但是结果都不尽完美，也滋生了一些社会问题。未来，通证经济是否可以改变这一局面，让人类的财富分配进入一个新的时代。

资源必须在各个阶层中转移，产生流动性，而资源一旦固化在一个人身上，其他人没有办法生存时，就会以暴力的手段强制进行财富再分配。

历史车轮滚滚向前，每个时代都需要解决财富分配的问题。但是随着资源的洗牌、重组、集中，人类社会发展到今天，贫富差距已经成为当今全球性的重大问题。

2017 年，由法国著名经济学家托马斯·皮凯蒂发表的《世界不平等报告》引用 70 多个国家 100 多位研究人员的研究成果。该报告显示：自 1980 年以来，全球最富有的 0.1% 人口（约 700 万人）增加的财富相当于最贫穷 50% 人口（约 38 亿人）增加的财富总和；全球最富裕的 1% 人口在 1980—2016 年“占有”全世界财富增长的 27%；那些富中之富更是有过之而无不及，0.1%“占有”13%，最顶级的 0.001% 富豪（约 7.6 万人）“占有”4%。该报告还称，一些国家的不平等现象已经达到“极端水平”。

这样的贫富差距会带来什么问题？

举个最浅显的例子，当大家都有两个馒头，且都能吃饱时，谁多拿个五六个甚至十多个都没有太大问题，大家也不会有什么特别过激的行为。但是当大家都饿着肚子，你一个人拿五六个馒头，场面会如何？

公平与效率，兜底与激励，是人类社会经济关系发展所探索的永恒主题。到目前为止，人类的财富分配也以私有制为主。

私有制，必然造成贫富不均，而这种不公将具备强大的惯性，会导致大多数底层人取得“成功”的机会越来越小，从而出现危机，破坏社会稳定。

平均主义，会使人失去生产、创新的积极性，缺乏有效的激励机制，将限制人类的进步。

那么，真的就没有一个兼具公平与效益的分配机制了吗？

曾经，有人乐观地认为互联网的出现将在缩减贫富差距甚至阶级跨越中发挥重要作用。实际上，之前的互联网更多是一种“传播技术”，不过是增加了每个社会成员的信息量，并不意味着每个人都能获得均等的机会和利益。但是通证经济的出现，演化了互联网在人类财富分配上的作用，让人们进入智能时代带来的新时代。

1. 分配价值观的革新

在评判通证经济时不要单从低维度——权益使用角度思考，而是要研究它背后的逻辑。互联网经济是中心化的产物，通证经济是去中心化的产物，这种去中心化包含的是公平、自由、民主，希望劳动得到尊重、奖励，希望得到社会认可等价值观层面的东西。

2. 拓展财富渠道，公平且兼具效率

很多时候财富渠道被集中了，而通证经济则开放每一个节点，也就是给每个人、每个用户构建一条公平的创富渠道。

另外，通证不依赖某个平台，可以独立存在，开放节点，底层数据库分布式储存，通过劳动量证明，每个人皆可根据自己的劳动所得公平获得相应的权益，并依靠智能合约、激励机制，快速确权、流通、交易，持有者可以更灵活地进行价值判断，选择处置方式。因此，通证类数字资产，本身就可以有效地承载价值。

3. 真正的财富将是获得“价值所有权”

通过通证系统机制，用户获得的是权益价值收益，这个权益不单单来自人们传统中固化的诸如黄金、货币、房产等财富形式，更将财富真正延伸至技能、技术创新、文化特长等无形财富领域，并对其量化，设计出以“价值贡献”为基础的激励机制，以此构建全新的所有制关系、分配制度。作为通证经济的主要参与者，真正的财富便成为“价值所有权”，也就是你对人类社会所创造价值的所有权，这也将成为你真正富有的资本。

总之，通证经济不仅将在财富分配中大有作为，也将不断地促进人类资产形式及资产配置的变革发展。

财富将会是“价值所有权”，这一针见血地指出了人类财富的真正内涵，其不仅包含了实物财富，也包含了“虚拟”财富，将财富更好地统一在人的自身价值上，这不得不说是人类财富观的发展历程中一次意识与客观事物的“融合”和创新。

05

未来资产及资产配置新形式

他要使你的公义如光发出，使你的公平明如正午。

——《旧约》

未来利用通证经济，人类不仅能够获得新的财富形式，也将获得更多的公平、正义和保障。

货币是资产中最主要的“元素”，货币本身既是资产，同时还是一把衡量资产的尺子——任何资产都能以货币的形式表现。如今，货币已经走过了多个不同形式的发展阶段。

第一阶段，实物货币，远古时期以物换物，毛皮、工具、贝壳等都充当过货币。

第二阶段，称量货币，金、银、铜等形态各异有明确计量单位的货币。

第三阶段，纸币，依靠国家信用背书的各国法币，如美元、日元、人民币等。

第四阶段，电子货币，存在于电子支付系统中的货币，如银行卡、支付宝、微信零钱等。

第五阶段，数字货币，依托区块链技术，用户自行发行的币，如比特币、华克金、狗狗币等，极大地冲击了现今的货币体系。

数字货币的出现，使得人们开始重新审视对货币的认识，重新打量自身资产及资产配置形式，所以才出现了“无房无车”大量屯币的“币圈大佬”。

不过，这种将“所有鸡蛋放进一个篮子”的做法太过激进，目前数字货币还远未具备颠覆传统货币的能力，且未有任何一家的数字货币具备全人类的共识，成为能够被全人类接受的资产，可见这并不是一种稳妥的资产配置行为，且存在很大的风险。

通证经济的出现，让我们在不失先机的情况下，不仅可以挖掘出更多的资产形式，还可以稳妥地配置自身资产。

1. 实现资产广义化、多元化

对于资产的理解，一般人仅仅局限于货币、存货、固定资产、无形资产、商誉等。同时，按照传统的财务报表分析理论，资产和对应资产收益决定了一家企业的利润。

自从进入互联网时代，我们发现过往的很多理论都不适用了。比如亚马逊，常年不盈利，但是市场估值却非常高，而这根本无法通过财务报表理论来自圆其说。还有一些互联网公司，最开始根本不盈利，甚至一直亏损，但估值却一直很高。为什么？因为存在“资产暗物质”。

对于“暗物质”，相信大家并不陌生，它无法直接被探测到，但可能真实存在，资产也是如此，有些资产你无法触摸更无法实际拥有，但它就是存在。比如你手中的海量数据、你优秀的技术、你的管理才能、你的创意等，这些在商业上都具有巨大的价值，却无法体现在财务报表中。

但有了通证以后就不一样了，一切都可以进行“固定”衡量，有好创意可以获得通证、有好技术可以获得通证、有数据贡献也可以获得通证……通证经济能将所有“资产暗物质”显性地表达出来，发挥其真正的价值，也进一步革新我们对资产的认知。未来不管是企业还是我们个人，手中可握有的资产将会越来越多元化，甚至引发资本的多元化，这将会极大地影响人们资产的组合形式。

这是通证经济在资产方面带给我们的最大冲击。

2. 数字资产成为资产配置中重要的一员

或许你还记得互联网发展初期“别针换别墅”的传奇故事：2005 年，一位 25 岁的美国青年麦克唐纳用一枚红色曲别针多次交换后最终获得了一幢别墅一年的居住权。

而通证经济出现，则诞生了真正意义上的数字资产，它主要分为两大类：

一类是数字加密货币，你也可以简单理解为 Token 一词最早的翻译——代币。

另一类则是项目方发行的通证，也就是数字权益证明。

通证经济也同样神奇，其神奇之处就在于一方面可以将人们的资产数字化、多元化，另一方面可以通过拥有通证将通证变成自身资产的一部分。

数字时代，数字资产日益成为人们重要的财富之一。

3. 通证系统是很好的资产配置工具

资产配置的核心是分散不同资产配比，降低投资持有单一资产的风险，也就是不把鸡蛋放在同一个篮子中。其中可供选择的资产方式很多，比如股票、存款、现金等，但未来通证系统与实体经济可能产生更紧密的联系，加之其分配更加公平、更有效率，势必会成为一种很好的资产配置工具。

也就是说，未来你的资产不仅仅限于黄金、货币等实物资产，还可以是代表各种权益的数字资产。你的资产也不仅仅存在于银行账户、保险柜中，还会存在于各种适合你的通证系统中，从而更加有效地保证资产的保值、增值。

【通经纬·证明悟】

随着数字化进程的加快，数字资产将会是未来非常重要的资产形式，于是有人预言，人类的财富模式将被改变。

那么，面对这样的资产新形式：

你是否真正认识到了通证经济在资产领域的魅力？

你是否考虑过新的资产组合形式？

CHAPTER 9 | 第九章

通证趋势

——深刻改变人类社会的未来

也许过了 50 年、100 年回头看今天，区块链可能只是新文明到来之前的技术基础，真正重要的事情是通证。未来，历史与千秋所能铭刻与记录的不是拥有许多石头、皮毛、奢侈品的人，而是为人类命运共同体创造过许多独特价值的人。

RECONSTRUCTING THE ECOSYSTEM OF THE TOKENOMIC

01
抢占市场先机

重为轻根，静为躁君。是以君子终日行不离辎重。

——《道德经》

未来，会有越来越多的人涌入通证经济领域，一方面市场会被大面积点燃，另一方面竞争加剧的市场难免会让人产生浮躁、焦虑的情绪。此时，你最需要的是稳重，不妄自菲薄也不急躁不安，把握核心关键点，精准切入。

据统计，2016 年，中国人持有的可投资资产总体规模达到了 126 万亿元，新中产阶层人群对财富的需求指数呈上升趋势。

虽然如此，由于大多数人的金融资产持有形式单一、投资渠道狭窄，现金和存款依然是目前持有资产的主要方式。64%的家庭资产配置处于“亚健康”状态，“不健康”状态更占7%。

根据世界银行网站，以及中国国家统计局的数据：世界的GDP将逼近100万亿美元大关，中国、美国GDP分别在12万亿、18万亿美元以上。当下股市美国、中国、日本、法国股市市值分别为27万亿、7.32万亿、4.96万亿、2.16万亿美元。从居民储蓄而言，截至2017年5月，中国居民储蓄达到62.6万亿元，近10万亿美元，而中国居民净储蓄（储蓄－负债）为4万亿美元。中国居民净储蓄加股市市值，同GDP量级相当，超过10万亿美元。

财富“亚健康”，变成了扎在我国中产收入阶层心上的一根刺，同时，“鸡蛋不能装进同一个篮子”也成了很多人的资产投资共识，很多人开始寻找新的投资产品和投资渠道。

今天，数字资产的总市值才超5000亿美元，约占可投资额度1%。一个只渗透了1%的市场，还处于早期，相信越来越多的投资者会希望参与数字资产的相关投资，无论是直接投资还是间接投资。而通证经济不仅让数字资产本身与行业资产、项目发展紧密相连，更是拓展了其发展前景，也必然会有越来越多的企业和项目涌入，甚至各大有实力有野心的企业也将纷纷进军这一领域，群雄逐鹿。竞争获胜的核心关键点在于影响力，也就是能够让人

缺口就是机会，尽管数字资产市值增长了数百倍，但数字资产的投资还是具备相当大的市场空间。

们达成共识的程度到底有多广，其中起到战略决定性作用的资源来自三个方面：流量、用户关系和定价机制。

1. 把握流量入口

借助于互联网流量、区块链的工具性的数据库或系统，有可能支撑起通证经济另外三种商业定位，比如连线型交易和价值转移。

以打车软件为例。打车软件通证化运行，就可以衍生出多种应用服务，实际上，打车软件中不乏拥有积分的平台，只要这些平台找到合适的应用场景，在此基础上通证化是非常容易的。

但是区块链技术本身并不会带来流量，也就是说，用户不会由于应用或系统就大规模地使用它，流量来自已有的互联网流量平台或新业务对用户的吸引力。互联网巨头必然不甘心就这样“贡献”出自身流量，因此没有流量优势的企业，最应该做的是把主要的精力放在项目的开发、发展上，借助项目本身优势尽可能多地吸引用户。

2. 维系用户关系

有了流量后，最重要的是用户留存。除了项目本身具备吸引力外，有效的社区管理非常重要。项目团队要在社区里进行充分的信息披露，然后激励社区成员积极讨论，提供建议并“挑刺”，督促项目成长，进而进一步吸引用户。

社区管理走向成熟有以下两个标志。

一是有一个杀手级应用出现，这是通证经济的技术发展方向，就像当时 PC 互联网杀手级应用是 Hotmail，当时移动互联网杀手级应用是微信。虽然通证领域目前还未出现这样的应用，但是一旦诞生，意味着巨大的变革正在发生。

这两点也是发展社区经济的关键要点。

二是有一个杀手级的领袖，这是通证经济个人发展方向。通证领域目前最缺的不是技术，而是能够把这些人聚在一起、能让大家追随的行业领袖。好比当年孙正义看到马云就认定这个人是个大企业家，然后投资 2000 万美元造就了一个阿里巴巴。如果能成长为这样的领袖，必然能够成就一番“通证传奇”。

3. 建立多层次定价机制

通证本身不能直接实现对产品的定价，必须借助于其他的组织或者规则来定价。

对于某些商品或场景而言，如果能利用通证系统建立起定价系统，将促进该系统被广泛接受并使用。与传统市场不同的是，通过通证可实现多层次的区域范围定价。比如，打车软件中的顺风定价就是一种新服务的定价，传统市场并无针对顺风车的定价机制。

商业世界，任何的新机遇、新机会都会由最初的蓝海转变为最终的红海，而这个过程也必然爆发大规模的抢占市场活动，通证经济也要历经这样的一个过程，现在入场，除了抢占先机外，更能在领域之中提升影响力，最大限度地占据市场份额。

02
商业将"虚虚实实"

兵无常势，水无常形；能因敌变化而取胜者，谓之神。

——《孙子兵法》

用兵作战没有固定不变的方式方法，就像水流没有固定的形状一样，能依据敌情的变化而取胜的，就称得上用兵如神了。商业发展亦是如此，并没有固定的模式可遵循，能依据时代发展顺势而为，就称得上大有作为了。

不管是农业文明还是工业文明，商业的中心和重心依旧是实体经济，直到互联网的到来。

互联网带来的信息革命，极大地冲击了金融及传统实体企业，传统企业纷纷走上了转型之路，不仅出现了实体经济与虚拟经济之分，更是出现了一种“实体经济不实，虚拟经济太虚”的现象。

“实体经济不实”：产能过剩严重，要素成本上升速度太快，大批企业家因为不看好实业，纷纷转向虚拟经济。

“虚拟经济太虚”：金融市场不够发达，金融工具、金融产品、投资渠道单一，资产价格虚高，债务率高，市场进一步泡沫化。

而通证经济将打破二者的边界，既可促进实体经济的“虚拟”发展，也可让虚拟经济落地实体经济，给未来的商业带来一番全新景象。

实体经济与通证技术的无缝结合，才是通证经济发展更加有力的力量源泉，可让区块链技术及通证系统真正变成一个惠及更多行业、更多用户的全新经济模式。

那么，通证经济为何能够做到这一点？除去通证经济与实体经济有着紧密的联系外，还由于其未来将具备以下发展趋向。

1. 通证流通速度将成为衡量经济发展的指标之一

通证相比于传统意义上的卡、券、积分、票等，流通速度将快上几百甚至几千倍，加上密码学的应用，让这种流转和交易变得更可靠，纠纷和摩擦将会减少。未来，流通速度可能会变成一种核心竞争力。

因此，如果说传统经济时代衡量整个社会经济发展的一个重要指标是货币的流转速度，那么在互联网经济时代衡量社会经济发展的一个重要指标就是网络流量，那么在通证经济时代，通证的总流通速度将成为重要的衡量指标之一。当我们每个人、每个组织的各种通证都在飞速流通、交易的时候，人类的生产和生活方式将完全改变。

2. 通证经济将成为一个多价值尺度的经济形态

在去中心化的场景下，由于支付手段的非垄断性，通证本身不具备价值，因此难以发挥价值尺度的作用，需要与基本的价值建立关联。

一般数字货币要实现价值尺度作用的方式有两种：一种建立准备金制度，人为地规定与法定货币的兑换比例，属于输入式定价，利用法定货币形成的价格直接折算成数字货币价格；另一种将投资收益对等，也就是通过交易所数字货币价格的波动来维系其与法定货币的汇率，驱使投资于法定货币与投资于数字货币的收益相等，但是这种方式实际上是一种虚假的欺骗，利用人们趋利的心理特点，只让一小部分人在一个时间点获得超额收益就可以维持交易的持续进行，构建一个零和博弈场景，数字货币最终成为套利工具，而不能实现定价，这就好比现实经济中，只能用货币来进行定价而不能用金融衍生品来定价的道理一样。

通证系统可以选择一种新的一般等价物作为计量，例如专利，在共识基础上，在通证系统中凭借共识机制，专利对不同用户而言价值是一样的。而对于新的一般等价物的挖掘，未来必然呈现多价值尺度经济形态，这也将会有助于发展多价值尺度的现代社会。

3. 通证经济将有利于国家监管和微观社会管理

通证经济能促进自由流通、交换，其追溯方便，无法篡改，无法抵赖，结合人工智能和大数据分析技术，极其便于实施监管，是市场经济的一次大升级，其本质上是用密码学、跨地域的开源开放超级电脑等未来信息基础设施来重新定义市场经济，会对实体经济产生巨大的影响。

监管绝对会是通证经济的重头戏，不管是通证系统本身运用于监管机构，还是监管机构对通证经济市场的监管，它关乎的是每个人的切身利益，不可忽视。

这三个趋向，加之人工智能、大数据技术的应用，将极大地打破我们对实体经济与虚拟经济之间的“隔阂”和阻碍，它们之间彼此融合，不单单会造成生产和生活方式变化，甚至会改变人类文明演进和生命存在意义。

03 最大化激发共享潜力

万物之中，希望最美；最美之物，永不凋零。

——《肖申克的救赎》

人类社会最美的希望是什么？公平、互助、有爱，人与人、人与物和平共处，和谐发展。

而通证经济的六大本质“共识、共建、共治、共创、共享、共赢”会逐渐促进这种美好希望的落地，相信它在未来的人类社会发展中会“永不凋零”。

在经济领域中，共享经济作为一种新的经济范式正在兴起，它能进一步降低边际成本，使之趋近于零，这是人类社会发展的一大进步。

但是目前的共享经济商业模式某种程度上恰恰不是在

进行共享，而是在完成一种中心化的资源聚合，然后将资源统一分配出去，如 Uber（优步）把闲置的车聚合起来，统一“标价出售”。

将闲置资源再利用并获得少量的收益，这并不是真正的共享经济模式，且这种共享受制于空间、信任两大要素：

空间要素，信息或实物的共享受制于空间的限制，仅限于个人所能触达的空间之内。

信任要素，共享需要有双方的信任关系才能达成。

如何突破这些限制也是共享经济发展的一个痛点。

另外，未来的共享经济是以零边际成本为基础的，可再生能源、生产机器人、免费软件、医疗信息等都是典型的零边际成本设施，将极大推动经济发展模式由所有权转向使用权。

通证经济的精要在于去中心化、去信任、自治机制、网络架构耦合链接，恰恰与共享经济把分散化的社会资源以点对点形式，让参与者各自以不同的方式付出和收益的要义相契合。所以，通证经济和共享经济这两个相互契合的互联网热点恰恰存在着充分的合作空间，通证经济不仅能够让共享经济突破空间、信任的限制，也将成为共享资源的交易核心，诞生出新的共享模式，颠覆普遍意义上关于共享经济的种种认知，但又可能真正回到共享经济的本质内涵上。

1. 无共享者与消费者之分

无论是 Airbnb（爱彼迎）、Uber 还是国内的滴滴、摩拜，目前市场现有的共享企业、项目资源共享者和消费者都是泾渭分明的，资源共享者负责提供产品和服务，消费者负责消费。这种对立的阵营，让共享机制变成了聚合式，聚合的平台成为最大受益者，真正的资源共享者反而抱怨获利与付出不匹配。而企业搭建的这个共享系统，本质上也只是为自身服务，把自身立于系统中最获益的环节。

不要小看这一变化，这种模型，让零和博弈变成了合作共赢！所有人的收益都与未来绑定，这才是真正的利益共同体。通证经济的核心，就是共赢！

但是通证经济本身就带着颠覆的使命，不只是金融，整个社会都可能不再强调中心化，真正的共享生态系统也应该让所有的参与成员都可以共生共荣，互相受益。那种单独企业获益的做法，也会被通证商业模式逐渐取代，尤其是对于共享经济这种本来就是点对点性质的商业形态来说更是如此。

由此，共享者和消费者之间的界限必须被突破，人人都应成为名副其实的参与者，不管是贡献还是使用都能够从中获益，实现一种无对立的共享经济模式。

2. 由共享转化为共生生态

通证系统中每个用户都是一个自成长的节点，这样便改变了原先共享模型中共享者成为供中心汲取利益的利润末端的情况。

比如，网约车市场，车主只能被中心平台“指派”去服务，而有了通证模型，没有了中心平台的制约，车主可

目前网约车出行市场中，滴滴出行已经成为人们网约车出行的首选平台。然而，数次带血的教训不仅暴露了滴滴出行安全意识的淡薄，同时也让更多的消费者明白：依靠知名

度和品牌优势而获得用户信任的平台，即使发展再快，缺少了严格的监管机制，“滴血”漏洞得不到解决，都是不值得信任的。而信息审查是平台应尽的责任，这一点做不好，便失去了立身之本。

以在独立节点上自由地发展诸如短租车、仪仗租车、顺风租车等诸多与租车相关的业务。

也就是说，共享者已经不再是传统所谓的共享经济模式下的被动参与者，通证系统可实现分布式自主，在这种系统生态中，可以实现内循环、自驱动发展，不再依赖一个中心平台来带领所有人前进，也无须将所有的信任度都依附在平台上。人人也因此处于一个共生的生态中，而这是共享经济的高阶形态。

3. 实现自组织的共享模式

目前的共享是中心化平台将生活中的某个功能和需求提取出来，进行共享，这就形成了垂直化，参与者只能被牵着鼻子走。一旦共享者能够自主决定如何共享，那么共享的领域就会十分广泛，能吸纳各种模式和内容。共享就变成了一块“海绵”，可无限进行吸收，通过通证系统进行链接，共享的丰富度和参与性都将大大提升，实际上便实现了由被限定的单领域走向自由扩展的多领域，能够将共享潜力充分激发，带来一些不同寻常的商业意义和社会意义。

未来，通证经济将会逐渐成熟起来，变为传统经济形态改造的新机会空间，这个新机会必定离不开共生共赢、共同成长的生态系统。利用通证经济，我们可以实现集群创新，共同建立一个高效、可信、共享、安全的新环境。

因此应用通证经济的创业者，除了经济之外还要懂得共识社会的价值观，需要明白商业存在的社会意义。一个伟大的通证经济创业者不应仅仅是一个商业人物，只有拥有大格局才能决定大的生态是否能够建立。

04

技术标准体系亟待建立

> 矩不正，不可为方；规不正，不可为圆。
>
> ——《淮南子》

技术需要依靠人类进行运转。而人类对它最好的驾驭便是赋予它规矩和标准，使其不脱离人性作恶，又可发挥最大的作用，提高效率。

人类文明的每一次跨越都是对客观世界认知的提升，每一次跨越也都离不开科学技术的支持，纵观历史，人类文明共历经了三次大跨越。

第一次跨越，造纸术的出现，让人类的经验、知识，跨越时空得以传播、传承，人类文明得以积累。

第二次跨越，蒸汽机的出现，将人类从繁重的体力劳动中解放出来，人类迈进了工业时代，得以有更多的时间和精力从事脑力活动，进一步促进机器的研发和精进，形成良性循环，生产力越来越高。

第三次跨越，计算机的出现，直接促使人类文明迈进信息时代，生产力和生产关系都发生了极大的变革。

未来，人类将迎来第四次跨越，即迈进通证经济时代。

然而，目前通证经济发展尚处于早期，不仅仅是通证系统，乃至通证经济的技术基础区块链技术发展还未全然完善，应用和推广还会受到限制，全面发展依然需要顶层设计提供驱动力，标准就是其中的重要一环。因此积极推进一个新的技术标准体系，是当今通证经济发展的当务之急。而这个新的技术标准体系需要包含以下几个要素。

1. 可靠

实体化应用会是通证经济发展的未来方向，因此，作为解决方案，可靠是非常重要的要素之一。

可靠首先来自通证系统的合规性，也就是所要通证化项目的合规性，有正当手续，存在较小的清零风险；其次来自应用性，通证系统必须要有清晰的应用场景，能够解决实际问题，而不是发行方“讲故事自嗨”；再次，有清晰明了的白皮书，能够让人一眼看到通证系统如何设计，以及商业逻辑如何；最后，拥有高水平的顾问，也就是看项目中是否具备权威投资机构和投资人背书，以及有没有可靠的技术人员支持、擅长市值管理的运营顾问等。

2. 稳定

通证系统是否稳定运行直接决定着用户体验。

稳定主要来自两个方面：一是对于大流量的应对，如何提升每秒同步交易数会是目前通证系统需要解决的一大难题；二是对跨链应用的支撑，和信息化系统一样，未来不同的通证系统之间同样需要进行交互和沟通，因此技术上便需要突破性地建立多维度交互架构，逐渐在复杂性的交易场景中实现交易方之间零距离、零时差沟通。

3. 安全

通证经济的安全主要体现在对用户隐私及隐私数据的保护上，不仅仅需要考虑到单个环节的安全性问题，也需要将其放入整体的层面中去判断可能出现的风险点，并采取相应的预防网络攻击机制。

如区块链节点遍布整个互联网，那么就有可能出现节点出错、节点攻破、恶意节点篡改数据等情况，这时共识算法设计就要具备以下条件：可终止，就是任何事情都不能无限制执行下去；各个节点出现特殊结构时拥有良好的判断机制来处理，如加时间戳，对所有事情进行时间戳排序，保证它的顺序，以便更好地检测节点状态；每个节点必须参考其他节点的执行操作结果，保证整个链的完整统一。

4. 成本

虽然通证系统会是降成本的利器，但其本身依然要面对成本问题，毕竟它需要大量的存储和带宽资源支撑，另外还要依靠团队运营。因此要设计整个通证系统的建设成本，并做好合理分配。

5. 监管

标准的确定会与监管之间发生千丝万缕的联系，目前监管阶层对区块链非常关注，主要集中在金融领域，特别是对 ICO 采取了严控措施。但是从整个通证经济发展来看，法律和监管仍然相对滞后。我国与其他发达国家相比，缺乏对通证经济的定义，更无专门的法律法规，更多的时候需要靠行业自律，才能维持整个业态的良好有序发展，监管部门对行业的良性发展起着重要作用，想要长远发展合规性非常重要。

如果做足了以上五个要素的功夫，保证通证系统良性、长远运行并没有想象中那么难。

当然，通证经济技术标准的确立还有很长的路要走，随着通证经济发展和新问题的出现，标准要素也可能增添或更改。但是这种“标准意识”一定要有，否则会影响到自身的切实利益。

05

重要的不是它有多好，而是它对你有多好

俗人昭昭，我独昏昏。俗人察察，我独闷闷。

——《道德经》

随着通证市场的火爆，必然会诞生各种“专家”，或激进或批判，对此我们需保持一份“迷糊”且宽容的心态，淡泊寡欲、抱诚守真，让自己的思想意识能够从种种流行观念的局限中超脱出来，一切从自身实际情况出发，有所为，有所不为。

随着通证经济的发展，优质项目的进入，其新的暴涨势头也即将到来。很多人都争先恐后，唯恐踏空，同时会

让炒作和投机也上升到一个令人目瞪口呆的危险高度。

其实不必讳言，就如早期的互联网经济一般，通证经济这种发展模式极具创新性和颠覆性，且通证的应用场景天然接近金融，很容易被人利用，搞诈骗和欺诈，必然会催生巨大的泡沫。但是经过一轮泡沫的洗礼，越来越多的人会开始认真思考，更为理性地对待。

因此，在这个行业中，必然要具备戒备心、敬畏心，严格自律，下面从四个角度对通证项目有一个清晰的认识。

1. 通证之“道”——以人为本

“道”是人的思想观念，能够改变世界的人一定是拥有宏大世界观的人，而且他的人生观一定是利他主义和与人为善的。

通证经济改变了人与人之间的资产分配和利益分配，目前几乎所有通证项目都有社群，凝聚社群力量最为高级的方式是价值观，因此通证项目创业者一定要以人为本，有正确的思想观念，利己之前更要利人，仅仅为了获利必然走不远。

而投资者对待任何一个通证项目，不可只带着贪念入场，不可盲目、冲动，而是要以长远的眼光来看待自身的投资行为。

2. 通证之“法”——分配合理

“法”便是规矩、规则，也可以理解为维持整个通证系统可靠、稳定运行的机制，包括分配机制、奖励机制、共识机制等，本质涉及的是权益分配。

因此在考量一个通证项目时，要充分了解其中的机制设置，更要擦亮眼睛从其奖励机制、分配机制中看看是否存在黑箱、奇点等陷阱。一旦发现存在分配不合理或权益分配比重太过悬殊的情况，便要慎重。

3. 通证之“术”——技术过硬

“术”即技术。目前区块链技术虽然日益成熟，但是依然存在黑客攻击、节点延缓等技术漏洞。就目前的发展形势来看，区块链技术需要 5 年的时间才可能真正成熟，因此在进入通证项目之前，选择那些嫁接在比较完善的公有链基础上的通证项目能够得到更好的技术保障，同时也要密切关注通证系统整体运行是否稳定。

4. 通证之“器”——产品落地

“器”就是产品、项目。

除了包含虚拟产品外，通证经济更是与实体经济紧密相连，它的产品会是实体经济中实实在在的产品或项目。因此最为稳妥的通证项目必然也会以实体作为依据，这会是考察所要进入的通证项目是否“靠谱”的重要依据之一，当然，它需要通过时代的进步和人才的加入，然后不断迭代，才能逐渐完善。

通证经济让权益资产数字化、让权益价值流通化、让市场资源资本化、让价值创造最大化。“未来已经到来，只是尚未流行”，我们已经隐约能听见不远的未来，由通证经济掀起的滚滚雷声，“顶雷”前行本就不易，最重要的是要始终保持本性和理性。

【通经纬·证明悟】

行商要具备四大要素才能成功：知识、控制得当的勇气、对未来的把握以及将这三者妥善结合在一起的精力。这不仅仅是对个人能力的考验，更是一种哲学，指引我们追问本质、不断反思、做出选择，进而不断地发展和完善自身。

那么，到现在为止，你最大的阅读感悟是什么？

你对未来的认识是否足够清晰？

你的行商理念、哲学是什么？

在这些理念和哲学的引导下，你将如何融进未来的通证世界呢？

CHAPTER 10 | 第十章

链改风险

——通证热潮下的监管思考

从云计算到大数据，再到人工智能，通证经济将是未来极热的一个经济概念，然而，其与数字货币、区块链有着千丝万缕的联系，加之因虚拟货币产生的新形式的洗钱、黑客、投资者保护和涉税等问题，给通证经济的发展带来了很大的监管挑战。

RECONSTRUCTING THE ECOSYSTEM OF THE TOKENOMIC

01
各国区块链领域的立法实践

> 义人的光明亮，恶人的灯要熄灭。
>
> ——《圣经》

技术本无好坏，一切取决于人，用其行善便是“义人的光”，用其作恶便是“恶人的灯”。区块链领域的“恶人的灯”将会被越来越健全的法律所熄灭，整个区块链领域将进入一个规范、良性的发展阶段。

自区块链走上历史舞台，不到10年的时间，全世界的区块链创新公司数量便以超过65.2%的速度快速增长，区块链项目超过了1000个，实际运用的项目也不断推广，我们的生活中越来越广泛地接触到区块链技术。

然而，已经发生了大量与区块链相关的犯罪现象，与之相关的法律问题也越来越多。如 2014 年 3 月陈某通过非法网站查询吴某在 796 交易所的账户密码，登入吴某账户盗取比特币；2017 年湖南株洲金额高达 16 亿元的特大“维卡币”网络传销案；各种虚拟货币交易合同纠纷案等。

区块链独特的技术特性也对现有的立法及法律监管体系带来诸多的挑战：

去中心化及匿名性的特征加大审查难度。

智能合约存在漏洞，基于哈希算法和时间戳的架构有较高的安全性，但事实证明智能合约体系仍然可能被黑客攻击。

去中心化系统与中心化系统的协调存在障碍，目前以区块链为基础架构的去中心化系统尚未独立于通行的中心化金融体系，但已经对传统的银行、金融机构等实体产生冲击，如何实现传统实体与区块链平台的互联互通，同时减小技术创新对传统实体带来的巨大冲击和风险，必将成为监管机构的研究重点。

为此，各国政府不同程度地推进区块链领域的监管工作，纷纷出台了针对虚拟货币及区块链的监管政策。

1. 谨慎监管阵营的代表美国

美国联邦多个监管机构发布了有关区块链及虚拟货币的报告和申明，其中，美国证券交易委员会将部分虚拟货币定义为“证券”，明确了证券类通证必须受到美国证券法的约束，对整个虚拟货币市场产生了重要影响。

而在州层面，2018 年 4 月美国智库布鲁金斯学会发布《关于区块链和美国各州政府的初步评估》，根据州政府对加密货币的态度和区块链技术的参与度，把美国所有的州归为以下几类：不知道类、极端保守类、赞赏类、有组织类、积极参与类和认同创新潜力类。

第一，不知道类，州政府不采取任何监管措施，例如阿肯色州和南达科他州。但是这里面有些州的私营行业和学术界存在大量与加密货币相关的活动。

第二，极端保守类，对加密货币采取消极态度或者把加密货币标记为具有潜在风险，例如印第安纳州、艾奥瓦州和得克萨斯州。

第三，赞赏类，政府已经启动立法程序，但是还没有出台任何新法，如北达科他州。

第四，有组织类，已经通过了关于加密货币生态圈的新法，如华盛顿州和新罕布什尔州。

第五，积极参与类，美国有七个州属于积极参与类。根据布鲁金斯学会数据，这些州不仅使用加密货币，还研究政府对区块链的使用，如佛蒙特州的法院认可和接受使用区块链记录的数据。

第六，认同创新潜力类，该类型州“设想区块链在本地经济中发挥更大的作用”，如拥有许多世界 500 强和各种创业公司的特拉华州，想要利用分布式账本技术“重新定义政府与公民之间关系”的伊利诺伊州，以及将区块链签名、交易和合约技术纳入法律的亚利桑那州。

2. 密切关注的欧洲各国

目前欧盟尚未形成统一的虚拟货币及区块链监管规则，但是不少国家相关机构已在密切关注区块链领域。

在欧洲各国中，德国是较早承认比特币合法化的国家，德国联邦金融监管局曾多次对ICO发出风险警告声明，要求ICO参与者参考传统金融监管规定；英国对虚拟货币和区块链持友好、积极态度，政府办公室于2016年发布《分布式账本技术：超越区块链》白皮书，对区块链给予了积极评价，总体对区块链保持较为宽松的监管态度，曾就ICO和虚拟货币发布风险提示；法国的态度则较为谨慎，央行对比特币相关的风险发出警告，建议对虚拟货币实行严格监管条例，证券交易委员会则宣布禁止对虚拟货币衍生品打广告及分销，提醒公众虚拟货币属于法律监管范围；俄罗斯从2014年开始发布禁止比特币的官方文件，关闭境内的比特币网站，其央行也于2017年呼吁警惕虚拟货币和ICO风险，提出央行暂不会批准区块链和虚拟货币相关活动。

3. 阵营分化的亚洲各国

亚洲各国对虚拟货币和区块链的态度差别较大。

日本作为宽松监管阵营的代表，对虚拟货币持支持和鼓励态度，在2016年修改通过的《资金结算法》中新增“虚拟货币”一章，形成一套完备的关于虚拟货币的法律制度；而韩国是严格监管阵营的代表，自2017年下半年以来，韩国采取了全面禁止ICO、禁止金融机构持有虚拟货币、实施虚拟货币实名交易等措施。

各国政府对于区块链及虚拟货币的监管政策尚处于摸索阶段，虽未达成共识，没有统一的监管规则，但是已经呈现出监管加强的趋势，这无疑会让未来通证市场的发展更为规范、有序。

02

我国主要监管政策

君之所以明者，兼听也；其所以暗者，偏信也。

——王符《潜夫论·明暗》

“兼听则明，偏信则暗”，任何新事物都不会只是洪水猛兽，也有其积极进步的一面。与虚拟货币不同，区块链技术有其独特的价值。为此，人们对虚拟货币和区块链有截然不同的态度。

“区块链”一词被提出刚好 10 年，通证经济也才刚刚兴起，并正在野蛮生长，国内普通民众对区块链和通证普遍缺乏基本的了解，甚至包括技术开发人员、创业者、投资者等在内的各类参与者，也对相关法律和政策缺乏了解。

与其他各国不一样，我国政府对于虚拟货币和区块链技术持截然不同的态度：

一方面，对虚拟货币持谨慎态度，采取了整治政策。

另一方面，对区块链技术持鼓励和支持的态度。

目前虽然我国政府尚未出台关于虚拟货币的法律法规，但是已经以通知、公告的形式发布了监管政策，其中最主要的文件是 2017 年 9 月 4 日中国人民银行、中央网信办、工信部、工商总局、银监会、证监会、保监会联合发布的《关于防范代币发行融资风险的公告》[①]，对当今虚拟货币市场做了相关定性，并做了风险提示，各地法院在审理虚拟货币相关案件时，多次引用此文件。同时，自 2016 年起区块链则多次被写进国务院及各部委的文件中。

1. 明确虚拟货币的属性

中国人民银行等五部委发布的《关于防范比特币风险的通知》[②] 规定：从性质上看，比特币是一种特定的虚拟商品，不具有与货币等同的法律地位，不能且不应作为货币在市场上流通使用。《关于防范代币发行融资风险的公告》则进一步强调：代币发行融资中使用的代币或“虚拟货币”不由货币当局发行，不具有法偿性与强制性等货币属

---

① http://www.csrc.gov.cn/pub/newsite/zjhxwfb/xwdd/201709/t20170904_323047.html.

② http://www.gov.cn/gzdt/2013-12/05/content_2542751.htm.

性，不具有与货币等同的法律地位，不能也不应作为货币在市场上流通使用。

2. 禁止开展 ICO 活动

《关于防范代币发行融资风险的公告》明确指出代币发行融资是融资主体通过代币的违规发售、流通，向投资者筹集比特币、以太币等所谓“虚拟货币”，本质上是一种未经批准非法公开融资的行为，涉嫌非法发售代币票券、非法发行证券以及非法集资、金融诈骗、传销等违法犯罪活动；还指出，任何组织和个人不得非法从事代币发行融资活动，自该公告发布之日起，各类代币融资活动应当立即停止。已完成代币发行融资的组织和个人应当做出清退等安排，合理保护投资者权益，妥善处理风险。有关部门将依法严肃查处拒不停止的代币发行融资活动以及已完成的代币发行融资项目中的违法违规行为。我国部分有关虚拟货币的司法判决如图 10-1 所示。

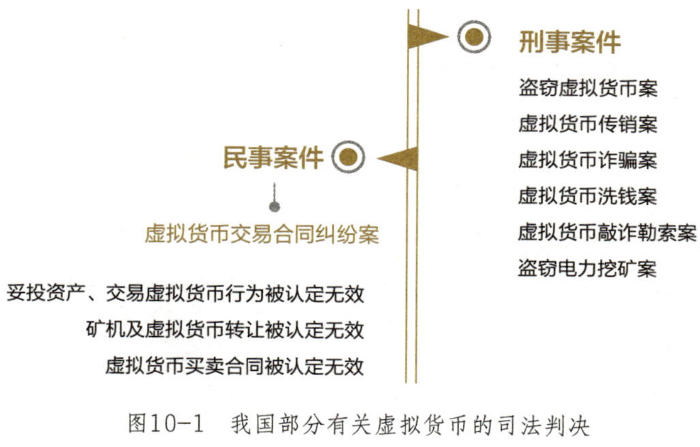

图10-1　我国部分有关虚拟货币的司法判决

3. 清退虚拟货币交易所

《关于防范代币发行融资风险的公告》要求，自公告发布之日起，任何所谓的代币融资交易平台不得从事法定货币与代币、“虚拟货币”相互之间的兑换业务，不得买卖或作为中央对手方买卖代币或“虚拟货币”，不得为代币或“虚拟货币”提供定价、信息中介等服务。对于存在违法违规问题的代币融资交易平台，金融监管部门将提请电信主管部门依法关闭其网站平台及移动 App，并提请工商管理部门依法吊销其营业执照。

4. 禁止金融机构和支付机构开展与代币发行融资交易相关业务

《关于防范代币发行融资风险的公告》指出，各金融机构和非银行支付机构不得直接或间接为代币发行融资和“虚拟货币”提供账户开立、登记、交易、清算、结算等产品或服务，不得承保与代币和“虚拟货币”相关的保险业务或将代币和“虚拟货币”纳入保险责任范围。

5. 加强反洗钱风险防范，向社会公众提示风险

《关于防范代币发行融资风险的公告》指出，代币发行融资与交易存在多重风险，包括虚假资产风险、经营失败风险、投资炒作风险等，投资者须自行承担投资风险，提醒社会公众应当高度警惕代币发行融资与交易的风险隐患。

2018 年 1 月中国互联网金融协会还发布《关于防范

境外 ICO 与“虚拟货币”交易风险的提示》，向投资者强调，由于在国际上也普遍缺乏规范，目前境外的交易平台一样存在系统安全、市场操纵和洗钱等风险隐患。同时也指出为“虚拟货币”交易提供支付等服务的行为均面临政策风险。

6. 鼓励和支持区块链技术发展

我国政府高度重视区块链技术的发展，虽然在国家层面还未形成关于区块链技术的统一监管规则，但是自 2016 年以来，在众多重要文件中已经可以看出国家对区块链技术鼓励和支持的态度。

2016 年 12 月，国务院印发《“十三五”国家信息化规划》，区块链首次被作为战略性前沿技术写入国家信息化规划之中。

2017 年 6 月，中国人民银行印发了《中国金融业务信息技术“十三五”发展规划》通知，指出要加强区块链基础技术研究，开展区块链技术在金融领域的应用研究。

2017 年 7 月，国务院印发《新一代人工智能发展规划》，提出“促进区块链技术与人工智能的融合，建立新型社会信用体系，最大限度降低人际交往成本和风险”。

2017 年 8 月，国务院发布《国务院关于进一步扩大和升级信息消费持续释放内需潜力的指导意见》，指出要提升信息技术服务能力，“鼓励利用开源代码开发个性化软件，开展基于区块链、人工智能等新技术的试点应用”。

2018 年 3 月，工信部发布《2018 年信息化和软件服务业标准化工作要点》，提出推动组建全国信息化和工业化融合管理标准化技术委员会、全国区块链和分布式记账技术标准化委员会。

……

因此我们应当将区块链与虚拟货币区别开，在研究通证经济的时候充分利用区块链的政策优势，让通证合法、合理地落实到实体之中。

03

与链改有关的法律风险解析

> 所欲的成就，心觉甘甜。远离恶事，为愚昧人所憎恶。
>
> ——《圣经》

通证经济是创新的商业生态，然而任何一个聪明的人都明白，能够实现财富梦想固然欢喜，但是更为重要的是要有底线，这个底线来自自己的良知和认知，也来自外部的规范和限制。

一个标准的通证系统是分布式自治的，通过通证凝聚共识，代替传统股份制模式，让参与创造财富的各种利益相关者能够在具有组织性、共治性、共享性的机制中高效率地协作。

其实，这便是一个实体企业上链经营的过程，也就是链改。链改是否成功，除了有利益协调、效率提升、范围扩大（还可以发育为同一通证下的经济生态体系）、技术安全四个判断标准，法规并行也是非常重要的。

链改本身不能违背普世的法律价值观，不能冲击现行法律制度，可以兼顾传统经济法和区块链法律实践。

通证不同于虚拟货币，也不同于区块链技术，却与二者有着千丝万缕的联系，目前我国针对虚拟货币和区块链所出台的政策，能够为通证经济的落实提供法律边界。

1. 体系内流通的通证的法律风险

通证在体系内运行，只是对于某一个闭环的生态提供一个协助或者流通的办法，本身没什么问题。但是一旦失控，特别是将其拿到交易所炒作，引发大众财产损失，便会发生“质变”，就可能从本来的商业行为变成非法证券或变相 ICO 等比较严重的违法行为。

所以，在做链改的时候，一定要掌握好度，更不能将风险转嫁给公众，挑战法律的底线。

2. 通证价格波动风险

价格的波动是市场的常态。但是如果通证像期货那样一天行情变化好几回，它便不是通证了，而是变成了一个金融衍生品，此时通证的性质便发生了改变，而通证本身是不能成为金融衍生品的，它不被目前我国的法规政策所允许，目前法律所允许的是它只能用来使用。

3. 通证与资产证券化业务相结合的法律边界

一说链改，很多人便会想到ABS融资模式①，但是ABS的合法性来自国家，所属的资产首先是合法的金融资产。你当然可以在合法的交易所去做，有自己的保荐机构、中介机构、会计师事务所、律师事务所进行加持，这是法律允许的。但是如果你的通证项目是未被法律承认的金融资产，加上国家对虚拟货币市场管控，那么实行这一操作是不被认可的。

4. 智能合约的效力与法律风险

智能合约由程序自动执行，给予合同条件，设定定义输入值，其有自己的执行方式，我们也可以将其简单理解为一种用算法取代传统的契约协议的方式。

但是我们必须注意到智能合约目前还无法完全取代传统契约协议，很多法律的合约很难用代码来表达并用电脑执行，比如，那些与当事人行为表现相关的合约，因为人的行为很难上链。另外，完全自动执行的合同最终也需要人工审核，以保证法律条款和概念能够清晰地定义合同中每方的权利。

---

① ABS融资模式：以项目所属的资产为支撑的证券化融资方式，即以项目所拥有的资产为基础，以项目资产可以带来的预期收益为保证，通过在资本市场发行债券来募集资金的一种项目融资方式。

所以，不要完全迷信智能合约，我们要研究的是哪种类型的合同和其中的条款能够被代码化，哪些需要用传统自然语言来表达，如何将这两部分的效用最大化，以便在执行和效用中更好地成为法律依据。

最后，请大家注意一点：由于通证的丰富多元化，且依据锚定资产或权益的不同，通证会有不同的流通方式，可能有着不同的法律定性，需要依照通证所代表的具体权益关注相关层面的政策法规。

04

未来监管三趋势

法律研究的目的是一种预测，即对公共权力通过法院的工具性的活动产生影响的预测。

——霍姆斯《普通法》

任何的改革必然要触动一些人的利益，但触动本身不是目的，只是手段，真正的目的是发展、是稳定。特别是针对新事物的法律更是如此。而针对新事物的法规政策通常具备可预见性，要放眼十年甚至更长时间，因此，可以在法规政策中窥得新事物的方向与机遇。

2017 年全国金融工作会议提出，未来中国金融工作的三大任务是服务实体经济、防控金融风险、深化金融改革，而这三大任务之首就是服务实体经济。

中国人民银行的两任行长在公开讲话中均曾提到了虚拟货币对实体经济支持较少的问题。时任央行行长的周小川在2018年3月的“两会”记者会上表示：我们认为虚拟资产交易这个方向需要更加慎重对待，虚拟资产交易从我国的角度来讲，也不太符合我国的金融产品、金融服务要服务于实体经济的方向。现任行长易纲在2018年4月博鳌论坛期间也指出，虚拟货币对实体经济的服务比较少，并且其中有一些投机行为，所以人民银行对虚拟货币一直比较慎重。

基于虚拟货币对实体经济服务较少的考量，加上ICO暴露出的风险隐患，我国监管部门对虚拟货币采取了严格的监管政策。同时，国家层面高度重视区块链技术对实体经济的落地运用，推动区块链技术服务实体经济与防控金融风险一样成为我国监管部门在制定区块链相关政策时的主要监管思路。

而通证经济所依附的区块链技术本身和现有的法律基本没有冲突，通证的流通与数字资产交易所也没有必然的联系，通证经济的出发点和触发点是为实体经济服务，在大方向上与国家政策法规并无本质的冲突和矛盾。但需要关注的是，未来国家在区块链领域的监管方向。

1. 继续保持政策差异化

2018年4月，中国人民银行货币金银局局长王信在第一财经 App 上发表的《切实加强虚拟货币监管 牢牢维护国家货币发行权》一文中提到进一步加强虚拟货币监管管理的五项措施，这很大程度上会是今后我国管理层对虚拟货币的监管态度。

一是应在明确加密代币管理相关法律适用性的基础上，尽快制定加密代币管理法律法规，提高处罚标准和惩戒力度，强化震慑作用。

二是借助技术手段，加强信息监测，组织大型社交软件提供商开展监测工作，排查、发现、清理和解散加密代币交易群组和公众号等，并将相关线索移交公安机关处置。

三是加强跨境支付监测，排查、发现可疑商户、可疑交易、可疑虚拟货币交易场所，一旦发现可疑行为，有针对性地进行清退商户、拦截交易、停止转账服务。

四是强化风险提示和公众教育，将正确看待虚拟货币、理性投资、控制风险等观念纳入反假货币宣传中，对投资者进行风险提示，引导社会公众树立正确的货币观念和投资理念。

五是推动加强国际政策协调。加密货币的运营主体可以快速地从一个司法管辖区转移到另一个司法管辖区，各国监管政策的较大差异，只会使虚拟货币的运营主体从一国转移到另一国。针对加密代币的跨境使用和 ICO 等跨境违法行为，应积极推动国际社会加强国际政策协调，评估采取多边应对措施。

可以预见，在未来相当长的一段时间内，虚拟货币和区块链技术仍然面临不同的监管态度：一方面从维护社会稳定和防控金融风险出发，对虚拟货币继续保持高压的态势；另一方面从服务实体经济的角度出发，对区块链技术将继续采取鼓励和支持的态度。

2018 年 5 月，工信部信息中心正式发布《2018 中国区块链产业白皮书》，系统阐述了中国区块链产业发展的六大特点和六大趋势，并对我国区块链产业趋势进行了展望：

一是区块链成为全球技术发展的前沿阵地，开辟国际竞争新赛道。

二是区块链领域成为创新创业的新热土，技术融合将拓展应用新空间。

三是区块链未来三年将在实体经济中广泛落地，成为数字中国建设的重要支撑。

四是区块链打造新型平台经济，开启共享经济新时代。

五是区块链加速“可信数字化”进程，带动金融“脱虚向实”服务实体经济。

六是区块链监管和标准体系将进一步完善，产业发展基础继续夯实。

随着区块链国家标准的制定及区块链应用场景的落

地，对区块链技术的鼓励和支持力度将会进一步加大。

2. 推动技术标准化

我国已经开始建立区块链国家标准，以顶层设计推动区块链标准体系建设，从中国区块链技术和产业发展论坛的《中国区块链技术和应用发展白皮书（2016）》中，我们可以看到区块链标准体系主要围绕以下问题进行设计：

构建区块链的标准化语言，统一对区块链的认知。

统一区块链底层开发平台和应用编程接口，为区块链的开发、移植和互操作提供支持。

统一不同区块链间的链接、实现信任和交互数据的标准，建立区块链间互操作基础。

构建安全和可信环境，规范基于区块链的服务，营造良好的应用环境。

可以看到，监管部门正在持续推进区块链的标准建设，推动区块链技术的标准化，让区块链技术能够真正地服务实体经济。这对通证经济来说将会是一个很好的发展机遇。

3. 促进监管科技化

近年来，我国各大监管部门都在强调发展监管科技。区块链技术在未来可能会成为监管科技的突破口，其技术特点能够帮助监管部门有效提升信息的透明度，同时极大地降低基础设施重复建设成本，有利于建设一个更安全、及时、稳定的监管体系。

根据《2018中国区块链产业白皮书》的观点，区块链不可篡改、可追溯、公开透明的特性，反而更有利于监管接入，获得更加全面实时的监管数据，同时区块链本身的分布式、不可篡改、公开透明等特点可以有效地提升穿透式监管的实施效率。

未来通证经济仍然处于政府和法律的监管之下，“无政府”的通证经济无法成为主流，只有顺应监管趋势，拥抱监管，通证经济才能得到长远发展。

【通经纬 · 证明悟】

“没有规矩，不成方圆”，任何市场的发展、稳定都离不开规则、制度的约束。而防控金融风险和推动区块链技术服务实体经济，始终是我国监管部门在区块链领域制定相关政策时的两大监管思路。

那么，通过这一章的介绍：

你是否明白了发展通证经济的“高压线”在哪里？

你是否能够对通证经济的合法性、合规性做出积极的预判？

在发展通证经济时你将如何规避法律风险？

附录：通证箴言

站在趋势的风口，把不可能的事，变成可能的事，而机会就在你的眼前。

——天使投资人 李美慧

趋势永远是时代发展的方向！人和心在哪里，事业和财富就在哪里！我永远相信付出与责任、善爱与担当、热情与自信，会让我们走向成功！

——天使投资人 李富华

为了不让生活留下遗憾，我们应该尽可能抓住一切改变生活的机会！

——天使投资人 冼秀芳

放下自我！为人民造福！

——天使投资人 杨 琳

我相信趋势是改变人生命运的直通车，坐上它能到达想要的人生。

——天使投资人 劳建梅

人的命运把握在自己手中。掌控趋势，学会运用，相信只有学习实践才会彻底改变命运！人生不易，要珍惜当下的一分一秒。

——天使投资人 李铁钢

通证经济下的共识和共享机制让未来商业价值更大化！

——天使投资人 潘聚林

区块链让世界变得伟大，通证经济链通天下。让我们变得更加强大！我自豪，我是通证经济人！

——天使投资人 劳荣华

因为相信，所以看见。

——天使投资人 李卫华

命运如同手中的掌纹，无论多曲折，终掌握在自己手中。

——天使投资人 张锡瑛

通证经济，当下的投资方向。

——天使投资人 郑 忠

币圈是资金空转的代表，通证是脱虚向实的代表，通证时代来临，机会就在眼前！

——天使投资人 熊文君

通证经济，未来经济，链通你我他。

——天使投资人 贺 琳

“通”过学习，“证”明自己，“经”营人生，惠“济”世人！

——天使投资人 杨金岭

坚持到最后，你定是赢家！有梦想，就坚持不懈，努力奋斗吧，付出就有回报！

——天使投资人 杨金霞

成功就是“跟对人做对事”，赚钱只是顺带的事。

——天使投资人 郭小蝶

搭载在区块链技术上的通证经济是极具实力的经济模式。

——天使投资人 黎艺章

看清趋势和未来，抓住机会跟对人，永远是硬道理！

——天使投资人 刘子良

人生无法复制，过去无法重来。通证经济与区块链是当下相对完美的结合。

——天使投资人 冯 晓

通证经济，一个非常棒的时代！一个有可能成为典范，照亮更多人的时代！

——天使投资人 张少科

紧跟趋势，严谨自律，博爱善念，链通天下！

——天使投资人 贺正芳

平凡的人，活出不平凡的一生，通证经济改变我的一生！

——天使投资人 陈鸿君

通证经济时代来临，你不得不参与！

——天使投资人 段秀娟

平台是大船，通证是风帆，“粉丝”是大海，运营就是众人划桨开大船！只要人人都出一份力，将会直挂云帆济沧海！

——天使投资人 崔秀领

成功的人之所以成功，是因为他看到了将来的发展趋势；而失败的人之所以失败，是因为他只盯着眼前的潮流。

——天使投资人 张亚春

通证链接你我，通证融合商家，通证链通世界，通证创造神话！

——天使投资人 邹寒玉

通证经济是一个重大机遇，充满巨大的生命力！

——天使投资人 孟涣林

通证经济，共创未来！

——天使投资人 谢春英

通证经济是一个生态体系。当这个体系成熟、庞大起来时，各种新东西都会在这里生长出来，且能够产生我们完全想象不到的人与人之间的合作方式和组织形式。

——天使投资人 李 蕊

通证经济是共享经济的下一阶段，是下一代互联网的数字经济。

——天使投资人 李昊阳

方向对了，不怕路远！

——天使投资人 齐 飞

时势造英雄，通证链天下；善爱惠众生，情系你我他。

——天使投资人 何继轩

通证经济是区块链最具特色的应用，要学习区块链就不能错过通证！

——天使投资人 张玉梅

通证经济有可能改变未来行业。

——天使投资人 赖璟榆

跟上趋势，用好区块链通行证，共享共赢共创未来！

——天使投资人 吴小哲

凡事需多听但少言。

——天使投资人 周 聪

不是所有的相信都能遇见美好，但所有的美好都是因为相信。

——天使投资人 常达飞

通证经济是通向未来共识经济的关键钥匙。

——天使投资人 樊芸麟

区块链终将重新定义未来产业生态，你准备好了吗？

——天使投资人 李俊辉

与其抱着怀疑的态度固守现在，不如鼓起探索的勇气迈向未来。

——天使投资人 贺宝如

趋势永远都是把握在先知先觉的人手里，通证是通向成功的通行证！

——天使投资人 连子文

通证经济是一种全新的经济模式，它跟其他新生事物一样，必将经历看不见、看不起、看不懂、来不及四个阶段，未来已来，智者拥抱未来！

——天使投资人 胡民合

通证通天下，改变赢未来！一成不变将会被时代淘汰，唯有改变思维才能拥抱未来！

——天使投资人 唐瑜斯

做一个对这个世界有价值的人，将爱传播到每一个区域。

——天使投资人 季莉莉

人生有两个极限：突破了身体极限，你将能量满满，拥有无限可能，攻无不克；突破了思维极限，你将无所不能，战无不胜。

——天使投资人 舒金波

通证经济，融通天下，共识共创共享共赢未来！

——天使投资人 闫 智

通证经济将为创业者带来无限机遇，在不断提升认知中变现认知，是将通证权益最大化的路径。

——天使投资人 秦利鹏

通证的权益属性会在人类社会文明中绽放华光溢彩。

——天使投资人 左莉莉

用眼光看世界！借趋势赢未来！站在时代趋势的前沿，你就是胜利者！

——天使投资人 张长玉

未来，通证经济将成为商业中必不可少的新经济模式。

——天使投资人 范丽榕

成功不是你赢过多少人，而是你帮过多少人。

——天使投资人 李华柯

通证是区块链最大的应用，而区块链是通证安全高速运行的保证。

——天使投资人 张仕文

融资、融商、融客户，通证经济，用较低的成本、快捷的方式、权威的团队助您的优质项目造服全人类！

——天使投资人 徐赞国

通证经济让大家都能拥有主人翁意识，让企业发展壮大，通证连天下，共创赢未来。

——天使投资人 田茂洲

Token 的出现是一个划时代的创新，贯穿数字经济的始终。

——天使投资人 杨慧雯

通证不是融资的币，而是融合所有资源和价值的新型组织形式和运行方式；它也不是下一代互联网，而是下一个经济时代。

——天使投资人 周高翔

区块链就像人生！每一段经历都不可以篡改，每一段青春都不可以重来。用区块链态度去生活，开发经营自己的人生区块！

——天使投资人 汪哲信

做好自己，拥抱区块链和通证经济，相信美好！

——天使投资人 谢忠明

对未来真正的慷慨，是把一切都给现在。

——天使投资人 谭玉儿

如果区块链能引领一个新时代，那么通证经济就是这个时代最大的风口！让我们成为朋友，一起成为这个时代的赢家！

——天使投资人 周雪芳

机会永远留给有准备的人。

——天使投资人 梁统胜

你有生活我有梦想，我的生活你想都不敢想。

——天使投资人 郭小韦

要顺应趋势，花时间研究市场的正确趋势；如果你的选择和趋势保持一致，利润就会滚滚而来！

——天使投资人 陈丽璇

未来，区块链技术将会像我们呼吸的空气一样无处不在。

——天使投资人 李绍军

一证通天下，共享赢未来！

——天使投资人 孙建勇

区块链时代，通证链接你、我、他。选择你相信的，相信你选择的。

——天使投资人 鲍 狄（Christine T.）

机遇到了就去争取，只有争取了才能拥有；当你拥有了才能真正走向自由，成功的关键在于行动而非想象！

——天使投资人 林时伟

超越无极限，相信我可以。

——天使投资人 刘蔡儒

走自己的路，让别人说去吧！

——天使投资人 James

把自己放对地方，正念正见正语正行；了解通证经济，共创共享共赢未来。

——天使投资人 朱家仪（Mickey Chu）

基于通证经济的商业生态模式是人性的试验场，它不能让你一夜暴富，而是通过模式来设计理财思维和资产配置体系，纠正人性长期的互害性财富积累现状，共同见证如何可以通过既定规则去构建一套适合自己的正向稳定生态系统。

——天使投资人 杜祥和（Herman Toh）

对传统实体行业而言，在通证经济模型中，流通环节不再赚取信息差，而是收获厂家发放的通证，所有参与方都是厂家的“股东”。

——天使投资人 潘国力

区块链提供的是技术，而基于区块链的通证经济具有高流通、低门槛、易辨别等属性。若规范监督，未来可期，通证经济值得期待。

——天使投资人 军戎阿巴

区块链，未来已来，你来不来?

——天使投资人 姚培永

天下熙熙皆为利来，天下攘攘皆为利往。通证经济将是撬动资本市场数字时代的新风潮。

——天使投资人 李沁霏

成功来自日积月累，而不是什么奇思妙想，也不是什么技巧花招！成功者都需要做最基础的工作，始终把最基础的工作干好自然就成功了。

——fieldchain（艾场）领域链高级合伙人、
雪莉财经联合创始人 贾 芮

种树者必培其根，种德者必养其心。

——资本奇迹全球同学会执行会长、

“好一朵茉莉花”品牌创始人、

好一朵茉莉花（上海）文化科技发展有限公司董事长 周洪磊

内蓄力量，恒守正念；共生共享，行稳致远。

——资本奇迹全球同学会联合创始人、

中国进口葡萄酒全产业链联合体（BSV）董事长 潘汝显

通证经济是企业互联网化精神的显现，它以信用为基础，在互联网中构建了一个去信任化的人与人的关系。也正是基于这样的信用，未来人类才有可能充分构建起一个自由度、公平性极高的新生态经济。

——超级畅销书《财富第九波——发现数字货币》

《财富第十波——黄金知道答案》作者 王淳丰

免责声明

凡书中涉及的案例以及投资的标的物，只作为我们研究并发现问题的依据，如果据此投资而造成损失，风险自负。

在阅读本书后，欢迎您提出宝贵意见，我们将悉心聆听。同时，对区块链新经济，您若有任何感想，也请您写出来，发给我们，我们将择优发表，并给予相应的礼物。

E-mail：hefeng2005@126.com